AF410820

Actitud - Pensamiento - Transformación - Oportunidad

APTO

Actitud - Pensamiento - Transformación - Oportunidad

APTO

IVÁN GÓMEZ LÓPEZ

Título: *Apto*
© 2020, Iván Gómez López

Autoedición y Diseño: 2020, Iván Gómez López

Primera edición: febrero de 2020
ISBN-13: 978-84-18213-16-8
Depósito legal: TF 82-2020

ÍNDICE

¿POR QUÉ LEER ESTE LIBRO?

Si te estás haciendo estas preguntas, déjame decirte que estás en el lugar indicado. ¿Y cuáles son esas preguntas?

"¿Por qué él lo ha conseguido?".

"¿Qué es lo que tiene que yo no tengo?".

"¿Estaba destinado a ello?".

"¿Por qué yo no consigo mis objetivos?".

No hay nada por casualidad, todo sigue unas reglas, no hay nadie mejor que tú, eres único, pero a pesar de ello no obtienes resultados.

Si has llegado a este libro es porque no te conformas con lo que tienes, llevas tiempo buscando las respuestas.

En este libro encontrarás claves que te ayudarán a conseguir el trabajo de tus sueños y, aunque una parte específica está enfocada en llegar a ser policía, encontrarás grandes secretos para obtener cualquier cosa que desees conseguir en la vida.

LOS PRINCIPIOS SON LOS MISMOS.

Además, pueden aplicarse en las tres ramas: **salud, dinero y amor.**

"¿Qué es lo que me falta para obtener los resultados que quiero?", te habrás preguntado demasiadas veces.

Algunos lo llaman suerte y, aunque es cierto que a veces la suerte influye, tienes que ir a buscarla o, de lo contrario, puedes estar esperando toda tu vida en el sillón, deseando que te toque la lotería y que ese golpe de suerte cambie tu vida, pero te garantizo que eso no ocurrirá.

Pero lo que sí puedo garantizarte es que verás cómo otros consiguen sus resultados mientras tú te frustras, y cada vez te costará mucho más porque el tiempo pasa para todos, y eso que dicen de que el tren solo pasa una vez en la vida es cierto, muy pocas veces tendrás grandes segundas oportunidades.

El mundo avanza a una velocidad de vértigo, por lo tanto, no Postergues, tu momento ha llegado, coge ese tren que te llevará a tus sueños, entonces…

¿Para qué esperar más?

¿Quieres ser un fracasado toda tu vida?

¿Qué consecuencias tendría eso, no solo para ti, sino para tu familia?

Déjame decirte que puedes ser un mediocre, pero no es un insulto, significa que medio crees en que pueden pasar las cosas, por no decir que no crees en que vayan a pasar.

Como decía, puedes ser un mediocre que pasa los días de la semana esperando que llegue el sábado para disfrutar un poco y el lunes de vuelta a ese trabajo de mierda, muy mal remunerado y con un jefe al que no soportas.

De ti depende que las personas se rían de ti cuando vean que lo que dijiste que ibas a hacer no lo haces y te vean como un fracasado, o, por el contrario, si sigues los pasos indicados y eres más fuerte que tus excusas, las preguntas que te harán serán totalmente distintas.

¿Cómo lo lograste?

Te estarán agradecidos. Imagínate el orgullo que puedes representar para tus hijos el día de mañana y la calidad de vida que puedes darles, y no solo económicamente, sino en valores.

Pero tienes que seguir los pasos, los atajos no existen, y seguramente siempre hayas fallado porque no te han dicho cómo hacerlo o has sido ayudado por personas equivocadas que lo único que han hecho es confundirte aún más.

Quizá no lo hicieron con mala intención, simplemente por desconocimiento, por intentar protegerte o para evitar el sufrimiento. El caso es que, sea la manera que sea, no te ha servido.

Ojalá que, en mis inicios, cuando me embarqué en la aventura de cumplir mi sueño cuando tan solo era un niño de veintidós años, hubiese tenido un manual de cómo lograrlo y, sobre todo, no de cualquiera, sino de alguien que ya hubiese conseguido lo que yo anhelaba, alguien con resultados, alguien que ya disfrutase de su premio, pero no fue así.

Lo que sí te digo es que tenía un SUEÑO, y eso estaba por encima de todo.

Pero había una pregunta rondando mi cabeza constantemente:

"¿Qué es lo que marca la diferencia entre las personas que consiguen sus sueños y las que no?".

He invertido más de 15.000 euros en seminarios, libros y cursos de personas exitosas en varios ámbitos (crecimiento personal, deportivo, millonarios) y he condensado toda esa sabiduría para ti, compaginándolo con mi trabajo y unido a la ilusión y las ganas de ayudarte a conseguirlo, por un camino guiado por pasos en diferentes fases del proceso teórico, físico y psicológico.

Los principios son los mismos, utilízalos y cambia tu vida.

Te digo una cosa: no fue fácil para mí, y no lo será para ti, pero s*i aplicas bien las enseñanzas de este libro podrás sacarle partido, y todo ello con un precio nada comparable a lo que he gastado yo.*

¿Qué es lo que conseguirás?

"Cumplir tus sueños".

Las personas que consiguen sus sueños son más felices.

- Felicidad para tus seres queridos:

Empezando por la familia y tus padres, pues gracias a ellos estás aquí, ellos te dieron la vida. Todos se van a sentir tremendamente orgullosos de ti, de que hayas conseguido lo que deseas, tu triunfo es su triunfo, los vas a llenar de felicidad.

Puede que hayas vivido alguna situación en la que no hayas estado de acuerdo con ellos, pero nadie es perfecto, ni ellos ni tú tampoco, NADIE LO ES, recuérdalo antes de juzgarlos.

No tenían un manual de cómo educarte y lo hicieron lo mejor posible, por eso debes estar siempre agradecido.

Estamos inundados de información para todo y, por qué no decirlo, también de desinformación, por desgracia. Antiguamente no era así, aprendían patrones heredados, por eso lo hicieron lo mejor que pudieron.

Créeme, nunca te fallan, pase lo que pase siempre van a estar ahí junto con tus hermanos, si los tienes.

Si has experimentado una situación distinta con ellos, te recomiendo que practiques el PERDÓN, es profundamente liberador, sanador y te hará avanzar a la velocidad de la luz. Si te quitas mochilas cargadas de cosas negativas, aunque tú creas que no, te están haciendo daño, solo que no eres consciente o no quieres serlo por cuestión de orgullo o EGO.

- Vas a poder inspirar a tu círculo:

No solo a la familia, sino a tus amigos y a la gente que te conozca, porque tú lo has conseguido e indirectamente les vas a hacer creer que ellos pueden también, les vas a romper sus creencias limitantes, como yo voy a hacer contigo ahora, y te empezarán a ver como un referente.

En los 100 metros lisos se consiguió por primera vez en la historia bajar de los 10 segundos, y fue el estadounidense Jim Hines en 1968 en México con un tiempo de 9,95 segundos. Pues a partir de ahí otros deportistas vieron que era posible y le siguieron, y no solo eso, sino que mejoraron, como es el caso de algunos conocidos como Carl Lewis, Asafa Powell o el más famoso de nuestros tiempos y récord actual, Usain Bolt, con récord del mundo de 9,58.

Cuando alguien lo logra sirve de inspiración a los demás, y eso es lo que tú harás.

"EL VERDADERO ÉXITO EN LA VIDA ES SER FELICES, EL PROGRESO Y LA CONTRIBUCIÓN SON LA CLAVE".

Nos pasamos la vida de un lado a otro buscando la felicidad, buscando dónde está la clave que nos dará ese estado tan ansiado. La mayoría de las personas se centran en el plano material, en tener más dinero o una casa mejor, generando con ello un sentimiento de insatisfacción constante.

Pero la verdadera felicidad te la dan el **progreso** y la **contribución**.

¿Hay algo más bonito que poder ayudar a alguien?

Déjame decirte que, si has elegido esta profesión, es porque te gusta ayudar a los demás y porque eres buena persona, que te gusta hacer el bien y, sobre todo, experimentar la sensación de PLACER de llevar ese uniforme y salir a la calle todos los días sabiendo que vas a ayudar a mucha gente que pueda estar pasando apuros.

¿Te imaginas?

Realmente la felicidad te la dará que nunca dejes de progresar y que gracias a ello puedas ayudar a los demás.

Durante el proceso vas a sufrir una **transformación,** necesitas dejar de ser quien eres y convertirte en una persona nueva, te volverás más fuerte, inteligente.

Pero primero debes saber que no puedes dar lo que no tienes, por eso debes cambiar totalmente para poder ayudar a los demás, adquirir nuevos conocimientos, habilidades y formas de **pensar, sentir y actuar.**

Vas a romper tu sistema de creencias, el cual te está limitando en estos momentos.

Superarás muchos desafíos, vas a renacer, siendo capaz de afrontar cualquier situación por difícil que ahora te parezca.

Porque en el mismo trabajo te enfrentarás a situaciones muy complicadas, y las tendrás que resolver tú solo en cuestión de segundos, así que… ¿estás preparado para el cambio?

Debes enamorarte de este libro, empaparte de cada una de sus técnicas y aplicarlas. No solo te quedes en leer, si aplicas, el éxito te llegará.

Puede que estés sintiendo miedo, quiero que sepas que también es algo normal, te estás enfrentando a lo desconocido y eso al principio a todos nos da miedo. Pero si estás aquí es porque tu interior está buscando sin cesar cómo conseguirlo porque no estás contento con tu situación actual, ya sea económica, laboral o incluso de salud.

El miedo es un buen indicador de que vas por buen camino, es la antesala del progreso y del éxito, así que cuando sientas miedo piensa que detrás está lo que andas buscando.

La mejor manera de eliminar el miedo es ENFREN-TARLO.

Aunque no lo sepas, no cumplir nuestros sueños también influye en la salud, sobre todo emocional, y, después, físicamente, pero eso ya te lo contaré en otro momento.

Por eso estás aquí, buscando respuestas, y eso ya es un éxito, te hace diferente del resto y significa que no eres conformista y que no vas a cesar hasta que logres tu propósito, pero ahora yo quiero formularte una pregunta:

¿Estás dispuesto a pagar el precio?

No va a ser tarea fácil, yo te puedo mostrar el camino, pero eres tú quien debe transitarlo.

Y te puedo asegurar que vas a tener multitud de imprevistos.

Algunos de ellos no podrías imaginártelos ahora mismo, vas a querer abandonar, pero déjame decirte algo: si yo superé esos desafíos, tú también puedes, solo créetelo, SÍ PUEDES. Si estás aquí no es por casualidad, el universo tiene algo bueno para ti.

La vida te pondrá a prueba y quiero que, a través de mi ejemplo, estés preparado para superar los desafíos. Créeme que las tinieblas vendrán, solo tienes que tener una opción en tu mente, y es llegar al final. No puedes tener otra opción o, de lo contrario, no conseguirás tu objetivo. ÁNIMO, ¡¡vamos a por todas!!

Realmente valoramos las cosas cuando son difíciles. Si fuese fácil todos serían policías o médicos viendo en Netflix su serie favorita todas las noches y saliendo con amigos a diario, pero ese es el camino al fracaso y alguien tenía que decírtelo.

Claro que en verano apetece ir a la playa y en invierno ir al cine y ver películas, y con esto quiero decirte que siempre vas a tener compromisos, pero debes ser íntegro con tu decisión y saber decir "NO".

Sé que estás leyendo estas líneas y, si eres una persona conformista, te estoy poniendo incómodo y te están dando ganas de cerrar el libro porque estoy tocando tu sistema de creencias, las cuales te han estado diciendo "Ya estudiaré luego" o "Ya entrenaré luego", postergando una y otra vez.

Seguramente, sea lo que sea lo que esté pasando en tu vida, es lo que te ha traído hasta aquí. El tiempo pasa y lo que estás haciendo es **evitar aquello que en el fondo sabes que tienes que hacer, y debes hacerlo ahora**.

Solo un pequeño porcentaje consigue sus sueños, **un 3 %**. ¿Tú eres de ese porcentaje o eres del 97 % restante que abandonan y dejan las cosas a medias?

TIENES QUE PAGAR EL PRECIO, NO HAY OTRA OPCIÓN.

No hay otra opción, créeme, si la hubiese te la expondría con mucho gusto, pero siento decepcionarte.

"Con la verdad se va a todos sitios", y esa es mi tarea.

Esta lectura te hará crecer como persona, compruébalo por ti mismo, ¡¡¡te sorprenderás!!!

"Los libros son lo que pisas para llevarte a un estante superior. Cuanto mayor sea tu pila de libros, mayor será el estante al que puedes llegar. ¿Quieres llegar más alto? ¡Apila más libros debajo de tus pies! La lectura es lo que nos lleva a nuevos conocimientos. Abre nuevas puertas. Nos ayuda a entender misterios. Nos permite escuchar a las personas exitosas. La lectura es lo que nos lleva por el camino de nuestro viaje. Todo lo que necesita para un futuro mejor y el éxito ya ha sido escrito".

JIM ROHN

¿Quieres seguir progresando? Lee, estudia sin parar.

Y si realmente alguien te dice que hay tiempo para todo, déjame decirte que está equivocado, porque los minutos pasan muy rápido, todo es un abrir y cerrar de ojos, y antes de que te des cuenta el examen estará frente a ti.

Pregúntate dónde estabas hace cinco años y dónde estás ahora, y mira lo rápido que ha pasado el tiempo. Seguramente no hayas avanzado nada, lo único que has hecho es envejecer, sin más.

Si empiezas ahora a trabajar por lo que quieres, ¿qué habrás conseguido dentro de cinco años?

El que está donde tú quieres estar no tiene ningún secreto, ha hecho todo lo que tú tienes que empezar a hacer a partir de ahora, adquirir todos los conocimientos y habilidades para legar allí, y eso requiere tiempo y esfuerzo.

Tienes que pagar el peaje.

Tienes que pensar que mientras tú estás con amigos de fiesta, hay alguien que está estudiando, que mientras tú estás viendo tu serie favorita solo una hora al día, al cabo del año son 365 horas durante las que otra persona está trabajando más duro. Por lo tanto, no te fijes en los mediocres, así no se consigue nada, así estarás como ellos, como la media.

Cuando tengas tu premio entonces podrás disfrutar, porque no hay nada más placentero que la satisfacción del deber cumplido y saber que lo has dado todo, así como la satisfacción de salir a la calle todos los días a contribuir, hacer un mundo mejor, aportando tu granito de arena, ayudando a esas personas que lo necesitan en situaciones difíciles o incluso no tan difíciles.

Hay veces en las que solo quieren que los escuches o les des un consejo, y te convertirás en un modelo para ellos, sobre todo, de los más pequeños, que te verán como su héroe.

¿Te imaginas cómo te sentirás cuando lo consigas?

Pero si por algún motivo no lo haces, fracasas y te quedas muy cerca, te vas a arrepentir toda tu vida de esos días en los que, en vez de ir a la playa, no te quedaste estudiando. Créeme que lo he visto muchas veces y seguramente tú también.

"Paga ahora el dolor de la disciplina o paga luego el del arrepentimiento".

Tú eliges, y créeme que es mucho peor el segundo, así que vamos a por ello.

Pero déjame decirte que yo tampoco empecé así, con esta determinación.

Siempre fui un chico rebelde, pero la vida me tenía orquestada una función para la cual yo no estaba preparado.

Hoy doy gracias al Universo, porque lo que leerás a continuación fue tan doloroso y me puso tan incómodo, que me hizo actuar y, sobre todo, evolucionar, de lo contrario, no me hubiese movido.

"Decisiones fáciles, vida difícil. Decisiones difíciles, vida fácil".

JERZY GREGORY

TODO TIENE UN PORQUÉ.

Me llamo Iván Gómez y actualmente llevo doce años trabajando como Policía Nacional, combinados los últimos nueve años con estudios teóricos y prácticos relacionados con la rama de la nutrición, aplicada al deporte y el crecimiento personal, con la intención de impactar y mejorar la vida de las personas.

He pasado por ciudades como Valencia, Ávila y Madrid, y actualmente resido en la ciudad de Alicante, en la cual llevo desde el año 2010, y quiero transmitirte toda mi experiencia para que tú también consigas el **mismo resultado.**

Entendiendo, además, los desafíos a los que te vas a enfrentar durante el proceso, y no me refiero solo a los exámenes, sino a los sucesos que te puede presentar la vida, situaciones difíciles que debes entender y saber manejar para conseguir tu ansiado resultado.

Vengo de una familia trabajadora. Mi padre era encargado de un surtidor de gasolina en un pueblo pequeño, yo tenía todo lo que un chaval de la época quería y mi madre ejercía de ama de casa ocupándose de mis dos hermanas y de mí.

Por aquella época era un niño rebelde, no me gustaba estudiar lo que imponía la sociedad.

¿De qué me servía a mí saber analizar frases sintácticamente? Seguramente te habrás hecho alguna vez esta pregunta.

Pero era lo que marcaba el sistema y para poder obtener el título de bachiller tenías que aprobar ciertas materias.

Hasta que llegó un día en el que, dominado por mi Ego, decidí abandonar los estudios y ponerme a trabajar a jornada completa en el calzado para obtener mi sueldo fijo y así poder tener todos los caprichos de un chaval de dieciocho años; siempre valoraba el corto plazo, **lo quería todo ya.**

Por lo tanto, iba a poder gastar dinero en lo que quisiera, impresionar a las chicas y ser el macho alfa del grupo de amigos con más poder adquisitivo.

En el fondo tenía el anhelo de servir para algo más, pero en aquel momento no me creía capacitado para ello, entonces me fui por el camino fácil, dinero fácil, y, sobre todo, basado en la cultura del **"No Esfuerzo" y del "Corto plazo".**

Era un lugar inmenso, una fábrica con un olor característico a piel de animal mezclado con un fuerte olor a pegamentos, con un ruido tan ensordecedor que apenas podías comunicarte con el compañero que tenías al lado. Me sentía encerrado entre cuatro paredes, como en una cárcel sin ver la luz del sol, y todos vistiendo el llamado "guardapolvos" de color azul, solo me faltaba el número para sentirme como un preso.

Pero, aun así, decidí aceptar aquella situación dolorosa antes que enfrentarme a las pruebas del instituto que en aquel momento me estaban deteniendo.

Preferí evitar el dolor a corto plazo, coger el camino fácil y conformarme a tener que someterme a unas pruebas difíciles para mí, pero a la larga el sufrimiento se convirtió en mi compañero de viaje por no escuchar lo que mi alma me estaba dictando.

¿Has actuado así alguna vez?

¿De dónde venía esta limitación?

Seguramente si tienes hermanos, como es mi caso, te haya pasado esto que te voy a contar ahora.

De pequeño siempre fui un niño rebelde y, para ser sinceros, mal estudiante, pero no porque me costase estudiar, sino porque como a casi todos los niños no me gustaba hacerlo. Sin embargo, tenía dos modelos en casa totalmente contrarios, que eran mis hermanas, ellas eran buenas estudiantes, aplicadas y siempre sacaban buenas notas.

Recuerdo la sensación angustiosa cada vez que nos daban las notas a final de cada evaluación y tenía que enfrentarme a mis padres.

Después de pasar esa situación incómoda y con el correspondiente castigo, inconscientemente mis padres, para hacerme despertar, siempre me comparaban con ellas y al final de la conversación decretaban:

"Iván, aprende de tus hermanas, ellas siempre sacan buenas notas y tú vas a ser toda tu vida un fracasado".

Pero lo que no sabían era que no solo no me beneficiaba, sino que me perjudicaba, porque estaban creando en mí un sistema de creencias erróneo, y seguramente por aquí empieza tu limitación, amado lector.

Al cabo de un año, cuando ya tenía mis caprichos y algo de dinero ahorrado, ya estaba cansado de salir de fiesta con los amigos, la monotonía inundaba mi vida, me ocurrió lo que se conoce como...

Adaptación Hedónica

Sucede cuando llega algo nuevo a nuestra vida, como un coche, una casa o incluso una pareja, lo que nos produce una sensación de bienestar que dura poco, pero cuando pasa un cierto tiempo, volvemos a nuestro estado de normalidad.

Pues eso es lo que me pasó a mí con este trabajo, ya me daba igual el dinero, porque me sentía angustiado de estar allí encerrado, y, sobre todo, de pensar que iba a pasar el resto de mi vida entre cuatro paredes.

Pero, a pesar de todo el dolor que me estaba causando, seguía allí, y cada vez tenía más miedo de intentar salir de ese pozo, hasta que, en ese punto y transcurridos dos años más, la vida empezó a ponerme a prueba.

Un día sin avisar me dieron una carta de despido en la que rescindían mi contrato.

El nerviosismo empezaba a apoderarse de mí, y a pesar de ser un despido mis padres no lo tomaron mal, al revés, vieron una oportunidad de salir de allí y de poder aspirar a algo mejor.

¿Ahora qué?

Lejos de quedarme parado empecé a buscar otras opciones. Aunque no me gustaba estudiar, sí que me consideraba un chico activo e inquieto, y aquí tenía la oportunidad de buscar algo mejor y salir de aquellas cuatro paredes que me estaban consumiendo la vida.

Encontré trabajo como montador de andamios en una central nuclear.

Volvía a estar cómodo, era algo diferente, nuevos compañeros, nuevas experiencias y, sobre todo, lo mejor es que seguía viviendo en mi zona de confort, en mi casa con mis padres.

Al empezar a trabajar, veía cómo los vigilantes de seguridad daban protección, y ahí se me despertó la curiosidad, era el paso previo para ser policía.

Para cumplir mi sueño había que estudiar mucho y superar muchas pruebas, para las cuales mi mente tenía aprendida una creencia: que **no estaba capacitado y que yo no valía porque no había sido capaz de terminar el Bachiller, yo no servía para estudiar.**

Me había creído eso, para mi mente era real.

Hasta que, de nuevo, a los cuatro meses, parece que la maldición se repetía y, a pesar de ser buen trabajador, me dejaban en la calle.

Otro mazazo más, pero este afectó un poco más a mi familia, ya que era muy poco tiempo el que había estado con estabilidad.

Decidí volver a actuar y, a pesar de mis miedos y vergüenzas, me dirigí a la oficina para entrevistarme con el coordinador de la empresa de seguridad. Este me informó de que, para trabajar allí, necesitaría realizar el correspondiente curso de vigilante de seguridad, que en aquella época se realizaba en Madrid durante quince días, y después debía enfrentarme a un examen teórico y otro físico.

A priori parecía fácil, y así fue, me dirigí a Madrid a realizar el curso. Una vez acabado, fui convocado para la fecha de los exámenes y, tras aprobar los mismos, a los tres meses siguientes conseguí enfundarme por primera vez un uniforme. Era lo que más se parecía a mi sueño de ser policía, así que debía conformarme.

Uniforme marrón, revólver, grilletes y defensa reglamentaria.

Mi sueño de ser policía pasaba a un segundo plano.

En casa por fin mis padres estaban satisfechos de verme con ese uniforme, rebosaban felicidad y a mí eso me llenaba de alegría. Por una vez en mucho tiempo me sentía bien, sentía que encajaba en un trabajo el cual me duraría para muchos años y que, después de los pequeños tropiezos que había tenido anteriormente, la vida me estaba premiando.

Pero nada más lejos de la realidad, el Universo me tenía preparada otra sorpresa, que fue una de **LAS CLAVES de mi gran cambio, querido lector…**

Parecía que todo marchaba de lujo, llevaba un mes en aquel lugar, me encontraba cómodo con mi trabajo, con los compañeros.

Realizábamos turnos de mañana, tarde y noche, pero allí no había incidentes. Era un sitio tranquilo que, por lo tanto, invitaba a la relajación, hasta una noche en la que patrullé con un compañero al que yo no conocía muy bien, pero que, según otros integrantes de la unidad, era "vago", ya que le gustaba esconderse con el coche por las noches y echarse a dormir.

Era una noche de verano, las tres de la mañana, la humedad mojaba mi rostro. La tranquilidad del lugar y los grillos cantando bajo un cielo estrellado invitaban a la relajación, hasta que mi compañero y conductor decidió detener el vehículo "como de costumbre" con la intención de echarse "una cabezada".

A mí al principio me parecía raro, pero debido a mi inocencia unida a la inexperiencia me dejé guiar por él. Se puso a dormir y yo me dejé llevar, me parecieron unos segundos, hasta que sentí un fuerte golpe en mi puerta, despertándome sobresaltado. Había pasado una hora y tenía en la ventana al jefe de equipo con la defensa en la mano diciendo:

—¿Qué hacéis durmiendo?

Mientras escribo estas líneas aún recuerdo la sensación que sentí en aquel momento.

—Ahora nos vemos en la oficina —respondió.

Seguimos patrullando una hora más y pensaba que se quedaría en un susto, hasta que llegamos a la oficina y al entrar y delante de todos los demás compañeros me dieron solo a mí la carta de despido, estaba en periodo de prueba.

Mi cara estaba desencajada, no podía creerlo, me iba a la calle otra vez.

No pude dormir del nerviosismo y, cuando se despertaron mis padres, me levanté con la carta de despido y se la mostré a mi madre.

Empezó a llorar desconsolada, esa imagen me destrozó El Alma, del disgusto que le había dado. **Otra vez despedido** de un trabajo en un tiempo récord. **Los había defraudado y mi padre, con voz serena y cara de desilusión, me dijo**:

—¡¡¡Vas a ser un desgraciado toda tu vida, no cambias, otra vez despedido!!! —Esas palabras se me clavaron en el corazón como un puñal.

Ahí me encontraba yo, sin trabajo otra vez, llorando por aquella situación, sumido en el victimismo, no entendía por qué me había pasado esto. Me quedé quieto, a solas, pensando, y una voz interior me hizo llegar a la conclusión de que **el único responsable de todos aquellos fracasos había sido yo.**

Decidí hacerme responsable, no era nada al azar, todo en la vida se rige por el **principio de causa y efecto**.

Nada es por casualidad, sino por Causalidad.

Ahora más que nunca tenía claro que l**o iba a hacer por esas personas a las que había fallado para demostrarles que sí podía conseguirlo** y que se sintiesen por una vez orgullosas de mí, **que iba a hacer todo lo que fuese necesario, que no era un perdedor, y así fue. Empecé a dirigir mis pensamientos**

hacia mi objetivo, y todas mis acciones iban a girar en torno a cómo conseguirlo.

Después de quedarme en la calle y con el título de vigilante de seguridad, tenía claro que debía dar un giro a mi vida, y lo primero era buscar a profesionales que me ayudasen a conseguir mi objetivo, buscando un trabajo que pudiera darme de comer. Ese era el primer reto y, el segundo, encontrar una academia de oposiciones para aprender la teoría.

Me presenté en una empresa de seguridad y me ofrecieron trabajo en Valencia, allí había academias en las que preparaban oposiciones, pues mi PRIMER GRAN DESAFÍO era salir de mi casa. Un niño con veintidós años, el cual no sabía hacer nada, iba a **salir de su zona de confort,** emprendiendo una aventura en **solitario,** con mucho **miedo.**

No tenía a nadie, sin ayudas.

Me marché a una ciudad sin conocer a nadie y en tiempo récord encontré un piso para compartir con dos chicas.

La mudanza fue fácil, una maleta cargada de **Miedos,** pero de mucha **ilusión** y un **SUEÑO** QUE ESTABA POR ENCIMA DE TODO.

Establecí un COMPROMISO conmigo mismo, prometí que iba a llevar una gran alegría a mis padres, tenía muy presente la imagen de mi madre llorando cuando me despidieron del último trabajo. Mientras escribo estas líneas se me saltan las lágrimas al recordarlo y más adelante entenderás por qué.

La sorpresa llegó cuando vi el lugar de trabajo, me dijeron que era en la conocida Ciudad de las Artes y las Ciencias, lo que no sabía es que estaba en construcción y el trabajo era una persona por turno.

Emocionalmente era duro, me sentía solo y por las noches los primeros días me daba por llorar, tuve ganas de abandonar, mi mente me saboteaba una y otra vez.

"¿Qué haces aquí?".

"¡Vete a casa! ¡Este trabajo no es para ti, ya habrá más oportunidades!".

La verdad es que cuando hablé uno de los primeros días por teléfono con mi madre me dijo:

—Iván, si no estás bien vuelve a casa, ya te saldrá algo mejor aquí cerca, siempre te vamos a apoyar.

Contesté:

—Mamá, no te voy a fallar, ¡y hasta que no apruebe no voy a volver a casa!

Le había prometido que esta vez no iba a fallar, que solo volvería vestido de uniforme de policía.

NO HAY DOS SIN TRES...

Llevaba dos meses cuando se presentó el responsable de zona en el lugar y me despidió, alegando que no había superado el periodo de prueba reglamentario.

Pues aquí me tienes, fracasando otra vez, de nuevo a la calle.

Después de pasar la situación de rabia e impotencia, que me duró unos minutos, decidí ir en busca de algo mejor, había perdido mi sustento económico y la supervivencia en aquella ciudad peligraba, no tenía otra opción, solo **ACTUAR**.

Esa misma tarde me dirigí a una empresa y allí, en recepción, al entrevistarme con una chica esta me dio un currículum para rellenar.

Había amontonados más de cincuenta currículums, y justo antes de terminar de rellenarlo entró en la oficina un hombre trajeado, muy educado, que me vio sentado escribiendo, se acercó a mí y nada más verme se presentó:

—Hola, me llamo José Luis y soy el responsable de la ciudad de Valencia, ¿quieres empezar a trabajar ya en el Corte Inglés?

En ese momento no podía articular palabra, no daba crédito a lo que estaba sucediendo y en una milésima de segundo contesté que sí. Minutos después redactaron el contrato y empecé a trabajar a los dos días, *aquella desgracia anterior había venido disfrazada de un posterior premio, que era un trabajo mucho mejor.*

Me sentía tremendamente agradecido. Aunque las cosas no vayan como tú quieres siempre **tienes que estar agradecido**, no te imaginas el poder de la **Gratitud.**

¿Qué hubiese pasado si me hubiese quedado en casa lamentando la situación?

Probablemente me hubiesen quitado el puesto de trabajo, pero hay una cosa importante, **y es que no**

tienes que perder la FE. Sin embargo, esta no consiste en estar rezando todo el tiempo y esperar a que las cosas pasen, tienes que ir tú a buscarlas con convicción de que se van a dar, de que te está esperando algo para ti, pero que todavía no está manifestado, que no te va a parar nada ni nadie en tu objetivo. Así es como tienes que actuar, así es como lo hacen los ganadores.

El destino me llevó a ese trabajo, en el cual conocí al que hoy es uno de mis mejores amigos, y, fíjate la **sincronicidad,** que también estaba apuntado a la misma academia de oposiciones que yo, se había inscrito unos días antes.

Este amigo simplemente vibraba en la misma frecuencia que yo y la vida, el Universo, la energía, o como lo quieras llamar, lo puso en mi camino.

Empezamos a compartir la misma pasión, fantaseábamos con ser compañeros de vehículo policial, formamos un tándem perfecto porque pasábamos mucho tiempo juntos: trabajo, gimnasio, academia y estudio. Se convirtió en el aliado perfecto.

Llegaba verano y todos disfrutaban de sus días de playa, nosotros obsesionados codo con codo en la biblioteca de la universidad, con la vista puesta en el objetivo.

Incluso después de verano, también seguimos durante las Navidades. Aún recuerdo el día de Nochevieja, después de la misma cena me puse a estudiar hasta las tres de la madrugada después de estar todo el día en mi habitación y posteriormente me levanté el día de año nuevo a las siete para salir a correr.

Tenía hambre de conseguirlo, no había otra opción.

Llegaron los exámenes, y uno tras otro los fui superando a pesar de las diversas dificultades. Pasaron tres meses de incertidumbre, pero tenía la satisfacción del deber cumplido.

Pero mi sorpresa llegó cuando me avisaron de que estaban los resultados en la web.

¡HABÍA APROBADO! Me llamó un amigo para decírmelo, pero es que mi compañero de trabajo también lo consiguió.

Yo estaba trabajando en ese momento y automáticamente comencé a llorar, la gente me miraba asombrada.

Todos los meses que había estado visualizando y trabajando incansablemente para aprobar… y por fin se había cumplido. No podía creerlo, automáticamente llamé a mi madre para decírselo, **se lo debía, había cumplido mi promesa, ese fue uno de los días más felices de mi vida.**

Lo volví a mirar otra vez cuando llegué a casa, tenía la sensación de estar soñando, y es que a veces *los sueños se cumplen si tienes la determinación de ir a por ellos.*

Cogí el coche y me desplacé a mi pueblo, solo quería abrazarla y que se sintiera orgullosa, y así fue, se lo debía, había conseguido *reparar el daño que le había hecho anteriormente.*

Después de tanto trabajo merecía una celebración por todo lo alto con mis amigos, catorce días antes de entrar en la academia.

Todo iba bien hasta que, en un momento de celebración, me clavé un cristal en el pie y me trasladaron a un hospital de campaña.

Me atendió un médico y, sin dar mucha importancia, me dio cinco puntos de sutura y me llevaron a casa.

A los siete días y tras quitarme los puntos, no podía andar, se abrió la herida. Al volver al hospital para las curas, las mismas enfermeras me decían que me quejaba sin motivo. Permanecí cinco días andando y conduciendo con mucho dolor. Tan solo dos días antes de ingresar en la Escuela de Policía visité urgencias del hospital, fruto del dolor y de la desesperación. Tras realizarme una radiografía, me metieron a quirófano para operar. **¡¡Tenía un trozo de cristal de 3 cm dentro del pie y el primer médico no lo había visto!!**

Todos cometemos errores, pero esta vez me tocó a mí.

De nuevo esa desgracia era otra prueba del destino.

Al ser una herida profunda, la dejaron semiabierta para que se curara lentamente y evitar una posible infección, iba a necesitar unos cuatro meses de cura sin apoyar el pie.

Dos días después cogí el tren y me presenté en la academia, y desde el mismo momento de bajar del vagón ya tuve que pedir ayuda para que llevasen mi maleta.

El primer día de clase me dieron la posibilidad de pedir **aplazamiento,** volver a casa y regresar a la Escuela en seis meses, ya que lo iba a pasar mal al ser un recinto tan grande y tener que moverme con muletas por allí.

Sin meditarlo mucho, tomé una acción rápida que emanaba de mi interior, esa voz interior de nuevo volvía a hablarme, y nunca se equivoca.

<u>Así que decidí que si estaba allí en esas circunstancias era otra prueba más de la vida que tenía que superar.</u>

<u>MI PEOR PESADILLA AÚN ESTABA POR LLEGAR.</u>

Pasé cuatro meses horribles con la movilidad reducida, ampollas en las manos y haciendo kilómetros todos los días, pero la ilusión de estar allí con todos cumpliendo un sueño me hacía seguir adelante.

Parecía que se había estabilizado todo, cuando recibí una llamada de mi casa…

Era mi hermana mayor comunicándome que a mi madre le habían diagnosticado cáncer con metástasis y que le quedaban pocos meses de vida. ¿Ahora entiendes por qué anteriormente se saltaban mis lágrimas?

Se me cayó el mundo encima, rompí a llorar, no daba crédito a lo que me estaba pasando, me rondaban mil preguntas, ¿por qué?

¿Por qué tengo que estar pasando todo esto?

Lo peor es que estaba a 400 kilómetros de mi casa y no podía hacer nada. Solo tenía ganas de abandonar, quería salir de aquel lugar, ya no podía más, todas las desgracias seguidas, no entendía nada.

Era la prueba más dura a la que me había enfrentado, todos mis compañeros disfrutando de aquel periodo de formación y yo destrozado, hundido, sin fuerzas, **pero en aquel momento de tinieblas y confusión volví a escuchar esa voz que con desgarro salía de mi corazón diciéndome:**

"¡¡No abandones, recuerda tu promesa!!".

Decidí que no me iba a rendir y que iba a luchar por conseguir mi sueño con todas mis fuerzas y <u>volver a darle una satisfacción a ella</u>.

Sin pensarlo tiré las muletas y lleno de furia comencé a andar poco a poco, a los veinte días comencé a trotar para poder superar la asignatura de educación física, llegando a estudiar más si cabe, durmiendo una media de cuatro a cinco horas diarias.

Llegué al final del curso aprobando todo con un 7 de nota final, consiguiendo mi objetivo.

<u>La presión del momento, unida a la desesperación, me había hecho mejorar mis marcas. Ese dolor lo utilicé a mi favor para impulsarme a conseguirlo.</u>

Al mes de salir de la escuela tuvo lugar el fatal desenlace, mi madre falleció, pero <u>se fue orgullosa de mí.</u>

<u>Desde aquí, quiero agradecerte todo, sé que me ves y me guías en todo mi camino. GRACIAS, MAMÁ.</u>

Durante todo el periodo pasé toda una serie de infortunios y desgracias que me puso la vida, a cada cual más duro, y la verdad es que llegué a la conclusión de que:

La vida te va a poner contra las cuerdas una y otra vez, pero si tienes un gran porqué, si tienes un sueño, pase lo que pase NUNCA ABANDONES, porque detrás de ese desafío se encuentra tu premio.

VICTIMISMO

"Tanto si crees que puedes, como si crees que no puedes, estás en lo cierto".

HENRY FORD

SALIR DEL VICTIMISMO

Lo primero que tienes que hacer es saber reconocer cuándo estás operando desde el victimismo, y esto es fácil.

Cuando culpas de tus circunstancias actuales:

—A una persona ajena a ti.

—Cuando es a causa del pasado.

—Mala suerte.

—Tomas una actitud de crítica.

¿Por qué siempre tendemos a hacernos responsables cuando nos pasa algo bueno y cuando nos pasa algo malo hacemos responsable a cualquier situación externa a nosotros?

Cuando nos pasa algo malo, entramos en el victimismo y pensamos que hay una confabulación misteriosa hacia nosotros, que tenemos mala suerte en la vida, que nos ha castigado Dios o que estamos destinados a lo que tenemos y, por lo tanto, no podemos cambiarlo y acabamos conformándonos con lo que nos ha tocado vivir.

Esto es solo una excusa para no esforzarte en conseguir lo que quieres, tienes que ser sincero contigo mismo y decirte la verdad.

Nadie te va a regalar nada por mucho que te quejes, nadie te debe nada. Tienes que salir ahí fuera y poner todo tu empeño, ganas e ilusión, y te garantizo que las cosas vendrán.

Detrás de cada obstáculo está el premio, me lo ha enseñado la vida continuamente.

Todo es un juego mental, el problema es que te quedas demasiado tiempo enfocado en el obstáculo.

Cuanto antes dejes de negociar con tu mente si es posible o no, antes comenzarás a avanzar.

Te lo repetiré tantas veces como haga falta porque no hay secretos, HAZLO, PERO HAZLO YA, NO POSTERGUES.

Debes cambiar el pensamiento, como decía anteriormente. ***Poder o no poder solo es una decisión tuya, nada más.***

Vendrán pensamientos a tu mente que tienes que saber reconocer y darte cuenta de que estás en el rol de víctima.

Así que toma el bolígrafo o el rotulador amarillo fluorescente y coloréalo bien fuerte, para que cuando te pase, vengas y lo leas una y otra vez y cambies el pensamiento.

"ES QUE NO TENGO TIEMPO PARA ESTUDIAR", "NO VALGO PARA ESTO", "NO ESTOY PREPARADO", "NO TENGO LOS ESTUDIOS NECESARIOS".

Y así podría escribir un libro entero de excusas que te dará tu mente para que no lo hagas, para mantenerte donde estás en tu zona de confort, en su comodidad.

Tienes que saber que no es real, tienes derecho a obtener en tu vida abundancia, salud, dinero y amor, solo es cuestión de cambiar tus creencias limitantes, que te están bloqueando, no te dejan avanzar, y te están marchitando como una flor que no riegas.

Si te enfocas en todo momento en que no puedes, lo estás haciendo real una y otra vez.

¿Cómo salir de ahí?

Continúa leyendo…

EMPODERAMIENTO

"TE PREPARAS HACIÉNDOLO"

Recuerda cuando eras un niño y tenías la ilusión de montar en bicicleta por primera vez, ¡piensa profundamente!

¿Estabas preparado?, ¿lo habías hecho alguna vez? La respuesta es no.

No tenías miedo, tenías ilusión, que era lo que te impulsaba a realizarlo. La cogiste sin pensar y te montaste, no te importaba la caída porque la ilusión de montar aquella bicicleta era más grande.

¿Quién no se ha caído alguna vez?

¿Te quedabas parado o, por el contrario, volvías a subir?

Sin embargo, con el paso de los años y a medida que has ido creciendo, has ido apagando esos sueños y anhelos de la juventud, cambiándolos por miedo y limitaciones.

El miedo es una fuerza muy poderosa capaz de crear, como el amor, solo tú decides dónde posicionarte.

No hay más secretos, no busques otra opción porque no la vas a encontrar, querido lector, aquí la tienes, y claro que no es fácil, ya te dije que si lo fuese todo el mundo lo haría.

Si quieres mejorar debes aplicar desde ya lo siguiente, debes volver a pensar como cuando eras niño.

"TÚ ERES EL ÚNICO RESPONSABLE DE LO QUE TE OCURRE, TANTO DE LOS ÉXITOS COMO DE LOS FRACASOS".

Coge las riendas de tu vida y hazte responsable, porque no estás en tu situación actual por casualidad, sino que lo *estás porque en el pasado tomaste decisiones equivocadas que fueron las que te han traído al momento presente.*

Cuando adoptas una actitud de humildad y de hacerte responsable de las cosas que pasan es mucho más fácil solucionarlas porque tomas perspectiva de la situación y detectas qué te está llevando a donde estás ahora mismo.

"Las decisiones que tomes ahora son las que marcarán tu futuro".

Desde pequeños nos enseñaron a celebrar los éxitos como algo excepcional en nuestra vida, como algo que no sucede muy a menudo y que, cuando se da, es algo que pasa rápido, es efímero; sin embargo, cuando viene un fracaso tendemos a reforzarlo continuamente y a machacarnos una y otra vez.

Piénsalo unos segundos y sé sincero.

¿Cúantos éxitos has tenido en tu vida?

Seguramente tu respuesta es que los puedes contar con los dedos de una mano y que puede que te sobre alguno.

Es un pensamiento demasiado pesimista, pero es lo que te han enseñado y, por tanto, lo que tienes integrado en tus creencias.

¿Cómo debes actuar?

Si echas la vista atrás verás que a lo largo de tu vida has tenido montones, solo que no les has dado importancia.

Pueden ir desde aprender a montar en bicicleta cuando eras niño, cuando aprendiste a nadar, cuando te sacaste el carné de ciclomotor o incluso el de coche, cada examen que superabas en la escuela (fíjate si has hecho exámenes a lo largo de toda tu vida escolar y no les has dado importancia), hasta tu día a día, como puede ser el cumplir tu objetivo de entrenamiento, tu día de estudios acabado habiendo dado el 100x100, hacer algún acto de bondad, hacer sonreír a alguien… hay muchísimos.

Solo tienes que reforzarlos, integrarlos y generar unas nuevas creencias.

Celebra todos los éxitos por
pequeños que creas que sean.
El éxito engendra éxito y eso atraerás a tu vida.

"NO TE CONFORMES CON LO QUE TIENES, MERECES MUCHO MÁS, SOLO DEBES CREERLO".

EMPODÉRATE

Tú eres capaz de conseguir lo que quieras, tienes que COMPROMETERTE, CONFÍA EN TI, es la base de todo. Puedes lograrlo y, de hecho, vas a lograrlo, yo confío en ti. Si yo pude tú también podrás.

Aunque tu círculo diga que no es posible o que es muy difícil, continúa y no escuches esas voces mediocres que nunca han conseguido nada.

Nunca aceptes críticas constructivas de alguien que no ha construido nada, vas a callar a todas esas bocas que dijeron que no lo lograrías. Ellos ya se han rendido y solo esperan que tú también lo hagas para así reforzar su sistema de creencias de que no se puede, de que ellos tenían razón. Es una maniobra de su mente para evitar sentirse mal, para evitar sentirse fracasados.

Pero, para cambiar tu exterior, primero tienes que cambiar tu interior.

El mundo se comporta como un espejo y refleja la imagen que tenemos dentro, ***lo que estés manifestando en tu vida ahora mismo es un reflejo de lo que hay en tu interior, es el resultado de tus pensamientos, emociones y creencias.***

¿Lo crees?

¿Cómo empezar a cambiar?

Es un paso muy fácil, pero difícil de llevar a cabo, y es modificando tus creencias actuales, querido lector, así que vamos a ver qué son y cómo se forman.

¿QUÉ SON LAS CREENCIAS?

Desde que naces hasta los seis u ocho años no tienes capacidad de razonamiento, por lo tanto, todo lo que ves y oyes lo integras sin cuestionarlo, estás influenciado por el entorno. Es en este intervalo cuando te educan para prepararte para vivir en sociedad.

Por eso todas las creencias no son nuestras, sino que las adquirimos en esta edad a través de nuestros padres, maestros, amigos, etc.; son creencias heredadas.

Entonces cada vez que te han dicho "No corras que te vas a caer", "No vales para estudiar", "No vas a poder superar ese examen", "No vales para este trabajo", "Eso es muy difícil para ti", esas palabras, en lugar de intentar motivarte y ayudarte, lo que hacen es <u>grabar en tu mente un sistema de creencias limitantes.</u>

Cada vez que en el futuro te expongas a una situación difícil, tu mente siempre responderá de la misma manera, no tiene que pensar, lo hace de forma automática, llevándote a no intentarlo siquiera.

CÓMO SE FORMAN LAS CREENCIAS

La CREENCIA te lleva a los -PENSAMIENTOS-, los pensamientos a las EMOCIONES-, de las emociones a la ACCIÓN = RESULTADO.

Por lo tanto, si crees que eres mal estudiante porque ya lo tienes grabado a fuego en tu mente de tantas veces que te lo han repetido, tu pensamiento va a ser que no puedes hacerlo. Eso te va a llevar a una emoción negativa y sentimiento de frustración, y esa emoción a tomar la acción equivocada, que es no estudiar, y, como resultado, NO sentirte capacitado para nada, **formando la Creencia Limitante.**

¿A que ahora mismo te estás sintiendo identificado?

¿Cuántas veces has dejado las cosas a medias, o ni siquiera has empezado, por pensar que no eres capaz?

Todas las creencias funcionan igual.

Pero déjame decirte que no solo se queda ahí, sino que ante cada situación difícil de la vida vas a reaccionar de la misma manera, tu mente reaccionará automáticamente, no tendrás que esforzarte en pensar.

Todo lo que esté fuera de este pensamiento tu mente lo va a rechazar para mantenerte en la zona de confort, eligiendo el camino fácil, que es no enfrentarse a la situación, porque la mente quiere la supervivencia.

Y para ir un paso más allá, por cada situación fallida aún **vas a reforzar más esta creencia de que no puedes conseguirlo**, entonces cada vez se hace más difícil **cambiarla, porque llevas con ella en tu mente muchos años, por tanto, la tomas como real.**

Pero ahora ya sabes la verdad.

Tu poder está en tu interior, tienes capacidad de modificar la situación.

¿Cómo actúa la mente a corto plazo?

Te vas a sentir bien porque no has tenido que luchar ni enfrentarte a ese peligro u obstáculo, pero a largo plazo vas a seguir en el mismo sitio, infeliz, viendo cómo otros consiguen sus resultados y tú sigues en tu vida miserable y angustiosa.

El fracaso de intentarlo y hacerlo es aceptado porque vas aprendiendo, lo que no es tolerable es fracasar por no intentarlo, por miedo, por conformismo, etc.

¿Me sigues hasta aquí?

"EL ÉXITO CONSISTE EN IR DE FRACASO EN FRACASO SIN PÉRDIDA DE ENTUSIASMO".

Winston Churchill

Historia de fracaso y éxito…

Mucha gente ha leído sus libros de terror o ha visto películas inspiradas en sus novelas. Pero **pocos saben la verdadera historia que se esconde detrás de Stephen King.**

Con solo dos años su padre le abandonó a él, a su hermano mayor y a su madre, y esta tuvo que hacerse cargo de sus dos hijos como pudo.

No tenían ayuda de nadie, y su madre no podía permitirse pagar a una niñera para que cuidara de sus hijos. Así que cuando se iba a trabajar **les daba libros que tomaba prestados** de la biblioteca para que los niños estuviesen entretenidos hasta que ella llegase a casa.

Ahí empezó **el gran amor de Stephen King por la lectura** y la escritura.

Pagó sus estudios en la universidad haciendo todo tipo de trabajos. En las clases, algunos compañeros se reían de él porque llevaba los libros atados con un cinturón y **sus zapatos tenían agujeros porque no podía pagarse unos nuevos.**

Su madre hacía horas extra en el trabajo para poder **ahorrar cinco dólares cada mes** y enviárselos a su hijo. Solo podía ahorrar cinco dólares CADA MES…

La primera novela que escribió fue *Carrie*, pero sintió que no era buena **y tiró el libro a la basura.** Por suerte, su esposa rescató la obra y le animó a mejorarla y a que siguiera escribiendo.

Poco tiempo después, mandó este libro a una editorial, y cuando King casi se había olvidado de ella, le llamaron para **comprarle los derechos de publicación por dos mil quinientos dólares de adelanto.**

Así es como se convirtió en el mejor escritor de terror de nuestra época, pero, ¿cuántas veces había fracasado para poder llegar aquí?

La mayoría de personas se dejan llevar por la corriente de un sitio a otro echándole la culpa de su situación al "gobierno", a "su jefe", a su "mala suerte", a la "crisis económica", pero realmente es igual para todos.

No hacen nada para cambiar y cuando se dan cuenta se les ha pasado la vida sin apenas haber vivido.

Han dedicado toda su vida a disfrutar unos días de vacaciones al año, eso en el mejor de los casos, porque otros dedican su vida a trabajar solo para poder llegar a fin de mes en trabajos que no les satisfacen y sin tener dinero extra ni siquiera para poder disfrutar de esos días de relax.

¿Realmente crees que venimos a esta vida para disfrutar de ella solo unos días? ¿O te has cuestionado si hay algo más?

No te culpes, son las creencias de la mayoría de las personas, lo ven normal, creen que la vida es así porque lo han visto en sus casas, con sus familias, han adquirido este sistema de creencias desde niños, pero en el fondo anhelan una vida mejor.

¿Quieres eso para ti? Estoy seguro de que no.

Es el momento de dar un giro a tu vida y obtener resultados distintos.

Puedes cambiar _tus creencias_ adquiridas, pero no hay tiempo que perder.

Igual que aprendiste desde niño, debes volver a aprender unas nuevas, las que te llevarán a obtener lo que quieras.

Cambia lo positivo por lo negativo, saca la basura de tu mente y empieza a llenarla de oportunidades.

El poder de la mente es inimaginable, y a donde diriges tus pensamientos es fundamental, ¿en qué te vas a enfocar?

¿Poder o no poder?

¿No me crees? Pues sigue leyendo que te vas a sorprender.

Las creencias incluso tienen la <u>capacidad de modificar tu estado fisiológico</u>. Si te duele la cabeza y empiezas a pensar que estás enfermo, adivina, mañana estarás peor, te habrá pasado infinidad de veces.

TODO ES MENTAL, QUERIDO LECTOR, el UNIVERSO ES MENTAL. Si te enfocas demasiado tiempo en un pensamiento, acabará siendo real.

A continuación, te demostrará la ciencia cómo las creencias que tenemos actúan de una forma u otra en nuestro organismo.

<u>Vamos con un poco de ciencia...</u>

Las creencias tienen un impacto a nivel fisiológico y ahora verás por qué.

Por ejemplo, pueden modificar incluso la respuesta de ciertas hormonas.

Se realizó un estudio en julio de 2011 EN EL DEPARTAMENTO DE PSICOLOGÍA DE LA UNIVERSIDAD DE YALE (NEW HAVEN, ESTADOS UNIDOS) por Crum A. J. y colaboradores:

LA MENTE SOBRE LOS BATIDOS: LA MENTALIDAD, NO SOLO LOS NUTRIENTES, DETERMINA LA RESPUESTA DE LA HORMONA GRELINA.

La hormona grelina es la hormona del hambre, que regula el apetito. Cuando ayunamos aumenta e induce el hambre, y a medida que vamos comiendo, comienza a disminuir.

El objetivo del estudio era probar si la **saciedad** fisiológica medida por la hormona grelina puede variar **dependiendo de la mentalidad** con la que uno se acerca al consumo de alimentos.

En dos ocasiones separadas, los participantes consumieron un batido de 380 calorías bajo el pretexto de que era un batido de 620 calorías o un batido de 140 calorías.

Durante el experimento, en un primer intervalo se pidió a los participantes (un total de cuarenta y seis personas) que vieran la **etiqueta "engañosa",** y durante el segundo intervalo que bebieran y calificasen el batido.

Resultado: La mentalidad de los que bebieron el batido supuestamente de 620 calorías produjo una *disminución dramáticamente más pronunciada de esta hormona grelina* después de consumir el batido, es decir, **tenían la sensación de estar más saciados,** mientras que la de los que bebieron el supuesto batido de 140 calorías produjo una respuesta a esta hormona relativamente plana, tenían la **sensación de no estar saciados**.

La saciedad de los participantes era *coherente con lo que CREÍAN* que estaban consumiendo, en lugar de con el valor nutricional real de lo que consumían.

Este es un ejemplo más de cómo esa creencia modificó sus respuestas.

Conclusiones:

El efecto del consumo de alimentos en esta hormona puede estar **_mediado psicológicamente_**, y la **_mentalidad_ AFECTA SIGNIFICATIVAMENTE A LAS RESPUESTAS FISIOLÓGICAS DE LOS ALIMENTOS**.

"Tienes que ser muy cuidadoso a partir de ahora con lo que entra en tu mente porque será lo que veas manifestado".

Lo que trato de hacerte ver en todo el proceso es que debes cambiar tus creencias, tus pensamientos, y sacar las creencias viejas para introducir otras nuevas, aunque sea mentira.

Al principio te pasará y pensarás que es muy difícil y que no se puede cambiar tan fácilmente, y claro que es así, debes de entrenar, llevas toda la vida con el mismo sistema de creencias, no lo vas a cambiar de un día para otro, requiere mucha práctica, y una técnica que funciona a la perfección es la mentira, sí, estás leyendo bien.

¡¡Miéntete hasta que se haga realidad!!

¿Conoces a personas que de tanto mentir acaban creyendo sus propias mentiras?

Investigadores del *Journal of Experimental Psychology* revelaron que **_la repetición hace una declaración de la realidad_**.

Resulta que la **influencia de las repeticiones funciona tanto en positivo como en negativo**, es decir, la _**repetición constante se transforma en declaración**_.

"Tanto si crees que puedes como si crees que no puedes, estás en lo cierto".

¿Me sigues? Pues prepárate para el cambio, que viene de camino.

APALANCAMIENTO EMOCIONAL

¿Crees que las demás personas tienen algo especial que tú no tienes?

Todos a lo largo de nuestras vidas hemos atravesado momentos difíciles.

Quién no ha sufrido la muerte de un familiar cercano o ha tenido una ruptura de pareja, incluso una crisis económica o una enfermedad, hay multitud de situaciones negativas que se pueden presentar a lo largo de tu vida.

Un impacto emocional es una herramienta grande y muy potente, pero la mayoría de personas no saben el poder que tiene y utilizan el dolor para sumergirse en el VICTIMISMO y paralizarse, pensando en que algún día cambiará la situación a mejor.

El Apalancamiento Emocional es un anclaje a una emoción de dolor que quieres evitar.

Recurrirás a la emoción dolorosa que quieres evitar cada vez que te enfrentes a un reto o una dificultad para poder superarlo.

"Me han despedido del trabajo", "Qué mala suerte", "Ya no voy a encontrar trabajo", "Me ha dejado mi pareja", "Ya no voy a encontrar otra igual", etc.

Sea como fuere, tienes dos opciones ante este tipo de situaciones: hacer lo que hace la mayoría, quejarse, o, por el contrario, yo te propongo que cambies de estrategia.

¡¡¡¡UTILIZA EL DOLOR A TU FAVOR!!!!

Vas a demostrar que se han equivocado con la decisión, el tipo de persona que ha perdido tu jefe o el tipo de persona que ha perdido tu pareja.

Utiliza esa emoción negativa para impulsarte y salir adelante.

¿CÓMO UTILIZAR EL APALANCAMIENTO EMOCIONAL?

Tienes que utilizar _tus porqués en NEGATIVO_.

El dolor que te provocaría vivir las situaciones negativas utilizado para tomar impulso y salir de la situación actual que te está deteniendo.

EJEMPLO

El dolor de no conseguir tu objetivo, de defraudar a tu familia y a la gente que confía en ti, también te sentirás fracasado, la presión social que tendrás que soportar si otros lo están consiguiendo y tú no, el futuro incierto que te espera... Todas esas sensaciones negativas que QUIERES EVITAR TIENEN QUE OPERAR A TU FAVOR para impulsarte.

¿Recuerdas cuando me despidieron del trabajo e hice llorar a mi madre, todo el dolor que me causó y cómo defraudé a toda mi familia, sintiéndome un fracasado?

Cuando en las diferentes fases del proceso de oposición quise abandonar por todas las dificultades que viví, utilicé el **apalancamiento emocional a ese sentimiento negativo de angustia, de sentirme un fracasado,** *para evitar el dolor del fracaso o para evitarle dolor a mis seres queridos, y gracias a eso conseguí no ABANDONAR.*

Tienes que aprovechar esa situación dolorosa y que te impuse para salir de donde estás, ya conoces el victimismo y sabes que en ese rol llevas toda la vida igual. *Nada va a cambiar, por mucho que te duela y te sigas quejando, si tú no haces nada, por lo tanto, ¿quieres seguir así?*

¿Sabes qué es lo que nos hace REACCIONAR?

INSPIRACIÓN Y DESESPERACIÓN

Las personas solo cambiamos por dos motivos, por inspiración y desesperación, siendo más potente el segundo.

La inspiración, el querer ser como esa persona de éxito, puede ayudarnos a conseguir nuestros propósitos, pero con el tiempo, si el objetivo es muy lejano, la inspiración pierde fuerza y desaparece.

Sin embargo, cuando realmente lo has perdido todo o no aguantas más la situación, has tocado fondo porque ya no soportas el sufrimiento y esa desesperación te lleva a decir "Hasta aquí, se acabó, me merezco algo mejor y voy a por ello", es un ***impulso hacia el futuro.***

Seguramente todo este tiempo has estado perdido por no saber cómo salir de este sentimiento de frustración, pero en este libro te estoy dando las claves para cambiar y para que tengas una transformación interna que se vea reflejada en el exterior y te lleve a la consecución de tus sueños.

Así ha sucedido a lo largo de la historia y así será para ti.

No reacciones siempre igual diciéndote que no se puede, como hace la gran mayoría, y empieza a realizar actos diferentes, es hora de aplicar estas herramientas.

"Locura es hacer lo mismo una y otra vez y esperar un resultado distinto".

ALBERT EINSTEIN

Los grandes triunfadores de la historia han pasado por grandes desafíos, eran muy dolorosos, pero precisamente <u>no tenían otra opción y eso les hizo cambiar</u>. Tienes que tener claro que cuanto más grande sea tu desafío mayor va a ser tu premio, cambiamos, como dije anteriormente, por ***<u>inspiración y por desesperación</u>.***

Stallone ganó fama mundial con su papel protagonista en el exitoso *Rocky* (1976). El 24 de marzo de 1975, Stallone vio la pelea entre Muhammad Ali y Chuck Wepner.

Esa noche Stallone se fue a su casa y, después de tres días y veinte horas seguidas, había escrito el guion, pero Stallone posteriormente negó que Wepner le proporcionara alguna inspiración. Stallone intentó vender el guion a varios estudios con la intención de interpretar el papel principal. Irwin Winkler y Robert Chartoff se interesaron y le ofrecieron a Stallone trescientos cincuenta mil dólares por los derechos, pero tuvieron sus propias ideas de *casting* para el papel principal, incluidos Robert Redford y Burt Reynolds.

Stallone se negó a vender a menos que interpretara al personaje principal y, finalmente, después de un recorte presupuestario sustancial, se acordó que él podría ser la estrella.

Y el resto de la historia ya sabes cómo sigue…

A todos nos gustaría ser ese Rocky Balboa, pero nadie quiere pagar el precio que tuvo que soportar él, y es que, amado lector, ¿a quién no le inspira esta película?

Él estaba desesperado antes de hacer el guion que le llevó a la fama, perdió hasta lo que más quería, su perro, al que vendió por unos dólares porque no tenía dinero para mantenerlo. Posteriormente, al saltar a la fama, lo volvió a recuperar, su **desesperación le hizo cambiar, utilizando el apalancamiento emocional.**

"CUANDO TÚ CAMBIAS, TODO CAMBIA".

A medida que vayas cambiando, también cambiará tu entorno y tus amistades. Simplemente estás vibrando de diferente manera, por lo tanto, tu entorno inevitablemente también tiene que cambiar.

Acepta que es parte de tu evolución, unas personas llegarán y otras se irán.

El cambio no va a ser fácil. Cuando llevas una inercia establecida y de repente cambias el rumbo, inicias algo nuevo, un trabajo nuevo, emprendes un proyecto, etc., tienes que volver a arrancar, por eso te costará empezar al principio, hasta que vuelvas a coger velocidad.

¿Te has fijado en qué es lo que más le cuesta a un avión?

Efectivamente, despegar. Es donde más energía tiene que invertir, después en el aire ya va casi por inercia.

Tendrás resistencias, no sabrás cómo hacerlo, cómo organizarte, de dónde sacar el tiempo, pero todo son excusas de tu mente, simplemente es cuestión de organizar mejor tu tiempo y adquirir nuevos hábitos.

El problema es que no estamos dispuestos a modificar nuestras rutinas, sobre todo si son más dolorosas.

Si quieres encontrarás la excusa para no hacerlo, tu mente te dará miles, pero si de verdad lo quieres encontrarás el medio.

Debes encontrar la excusa para "sí hacerlo".

Si ahora pagas el precio y haces lo que la mayoría no hace, con el tiempo tendrás la vida que quieras y podrás hacer lo que la mayoría no pueda.

No importan todas las decisiones que tomaste en el pasado, el pasado no determina tu futuro, hoy es un nuevo día, un nuevo comenzar, es una nueva oportunidad para conseguir tu sueño, pero antes DEBES CAMBIAR.

Puede que durante el camino te quedes solo, pero recuerda, toda transformación comienza con "la soledad del guerrero".

¿Por qué, en general, se rehúye de la soledad? Porque son muy pocos los que encuentran compañía consigo mismos.

CARLO DOSSI

LA SOLEDAD DEL GUERRERO

Durante el camino puede que experimentes momentos de soledad, acostumbrado a vivir en tu casa con tus familiares te tendrás que adaptar a la nueva situación y, aunque estés rodeado de personas, puedes llegar a sentirte solo.

Tendemos a ver a la soledad como algo negativo, ya que durante la evolución nos hemos desarrollado como especie, formando parte de la tribu. Somos seres sociales y necesitamos sentir que pertenecemos al grupo y somos importantes para él.

Puedes llegar a sentirte solo aun perteneciendo a un grupo.

Te darás cuenta de que ya no encajas en él porque has evolucionado y ya no compartes aficiones.

Habrá personas con las que tienes relaciones que se van de tu vida, puede ser una pareja o simplemente cuando sales del lazo familiar para buscar un futuro mejor, como es este caso.

La soledad es un periodo que invita a la reflexión, no es algo negativo y, sobre todo, te ayudará a clarificar objetivos y dedicar todo tu enfoque y energía a la consecución del mismo.

Obtendrás sabiduría, y esta se adquiere con la soledad. Algunos autores dicen que el éxito comienza con "La Soledad del Guerrero", y aquí es el mejor momento para entrar en acción, reconectar con tu verdadero "Yo" y, sobre todo, evolucionar como persona, reconocer errores pasados y hacerte más fuerte.

Puede que en el proceso tu pareja te abandone porque no le puedas dedicar el tiempo que requiere, y, si sucede, créeme que será lo mejor que te puede pasar porque te estará indicando dos cosas:

1— Alguien que te abandona te demuestra que no comparte tus objetivos, no te apoya y, por lo tanto, no merece estar a tu lado.

2— Es una persona que se rinde fácilmente y se rendirá ante cualquier obstáculo.

Ten en cuenta que es un periodo transitorio, no durará para siempre, es una herramienta de crecimiento, por lo tanto, aprende a disfrutar de ella, así como a disfrutar del día a día.

"El hombre más grande es aquel que en medio de las muchedumbres mantiene, con perfecta dulzura, la independencia de la soledad".

RALPH WALDO EMERSON

"ERES UN DIAMANTE".

"CUALQUIER OBJETO DEL UNIVERSO SOMETIDO A LA PRESIÓN ADECUADA SE TRANSFORMA".

Los diamantes son átomos puros de carbono que bajo condiciones de presión y temperaturas extremas se transforman en piedras preciosas.

Los deportistas de élite están sometidos a un alto nivel de rendimiento, motivación y, sobre todo, constante presión. Ellos mejor que nadie saben que esa presión es lo que les hace conseguir sus éxitos, están luchando por el oro, por ser los números uno. Aunque hay más competidores, esa debe ser tu única opción, verte como el número uno para conseguir esa plaza, y si te fijas…

¿Cómo lo hacen?

¿Desde sus casas con sus familias?

No. Una de las claves es salir de su hábitat natural, lo que se conoce como zona de confort física, así que abandonan sus casas para ingresar en centros de Alto Rendimiento.

Allí están sumergidos en una burbuja de disciplina, gran cantidad de entrenamiento y motivación, aislados de cualquier tipo de distracciones, soportando una gran presión.

Pero no solo los deportistas, sino en el trabajo, y seguro que este ejemplo te motiva: es el GRUPO ESPECIAL DE OPERACIONES (GEO) de la Policía Nacional, un selecto grupo de policías capacitados para actuar en las situaciones más críticas que puedas imaginar, y sí, también están concentrados en su centro de operaciones, con una disciplina férrea y un orden establecido de formación de alto rendimiento.

¿A que te gustaría pertenecer a este grupo de élite?

Pero para formar parte de este grupo tienes que estar preparado, no solo teóricamente, sino tener una condición MENTAL que ya estamos entrenando en este libro, y, sobre todo, FÍSICA, ya que las pruebas de acceso, como el curso de nueve meses, son durísimas, solo para el alcance de muy pocos. Para tener esa condición física se requiere mucho entrenamiento y buena alimentación, pero no desesperes, que todo es posible, pero primero vamos por partes. En primer lugar, debes aprobar y, después, en las otras dos partes de la trilogía tienes herramientas para tener un físico saludable para conseguir optar al puesto que desees.

Para cambiar, debes estar ***sometido a presión***. Si tienes todas las comodidades tu mente no tendrá ninguna motivación para salir de ahí, recuerda que Stallone llegó a perder a su perro…

Pero no basta con eso, tu éxito vendrá de la combinación de acción y pensamiento, de unir estas dos fuerzas.

Tienes que recrear en tu mente una situación igual a la que quieres ver manifestada, es decir, concebirlo en tu mente como si ya estuvieses disfrutando de esa situación y practicarla durante la mayor parte del tiempo posible. Como decía, tu mente requiere de entrenamiento. A esta técnica se la conoce como visualización, y unida con acciones diarias te acercará a tu propósito.

Vamos a profundizar un poco más.

"VISUALIZA Y VENCERÁS".
LEY DE ATRACCIÓN

"Mantén tus pensamientos positivos, porque tus pensamientos se convierten en tus palabras. Mantén tus palabras positivas, porque tus palabras se convierten en tus comportamientos. Mantén tus comportamientos positivos, ya que tus comportamientos se convierten en tus hábitos. Mantén tus hábitos positivos, porque tus hábitos se convierten en tus valores. Mantén tus valores positivos, porque tus valores se convierten en tu destino".

GANDHI

Habrás oído en alguna ocasión la famosa "ley de la atracción", si esto verdaderamente existe, si funcionará para ti…

Esto que te estoy contando no es nuevo, no estoy inventado nada, hay textos que se remontan a muchísimos años atrás, desde el cristianismo y el judaísmo hasta épocas más recientes.

Algunos ejemplos son **La ciencia de hacerse Rico**, de Wallace D. Wattles, publicada en 1910, o **The Master Key System Charles** (*El sistema de la llave maestra*), publicada por F. Haanel en 1912.

"El pensamiento es la fuerza creadora o la fuerza impulsora que hace crecer el poder creativo de actuar. Pensar de una manera determinada traerá riqueza a usted, pero usted no debe confiar en el simple pensamiento sin prestar atención a la acción personal".

WALLACE D. WATTLES

Aquí **Wallace** ya nos hablaba de la unión del **pensamiento como fuerza creadora y la acción**. Sin la unión de estos dos no conseguirás tu objetivo.

Pero, ¿qué es esto de la ley de la atracción?

Actualmente hay una película denominada *El Secreto*, del año 2006, escrita por Rhonda Byrne y basada en la escuela de pensamiento, en la que relató acontecimientos a lo largo de la historia de su aplicación.

Puede que seas una persona escéptica y que solo creas en lo que ves, pero, ¿y si fuese real?

Solo hay una manera de saberlo y es que ***lo compruebes por ti mismo***.

Esta ley afirma que puedes atraer toda la abundancia a tu vida, cualquier cosa, salud, dinero, amor, y su poder reside en que hay una Ley Universal, y es que todos estamos dentro del mismo campo de energía y, como tal, podemos atraer lo que está dentro de ese campo energético.

Como dicen, "la Fe mueve montañas".

Pero no solamente se trata de tener fe, sino que tenemos que poner **acción por nuestra parte para que esto se dé**.

Hay numerosos casos de personas famosas a lo largo de la historia a las que les ha funcionado, aunque científicamente carece de explicación. Entonces, ¿cómo es que ocurren?, ¿cómo es que a algunas personas les funciona y a otras no?

"Cuando era muy joven me visualizaba siendo y teniendo lo que quería. Mentalmente, nunca tuve dudas al respecto".

Arnold Schwarzenegger

Arnold Schwarzenegger es un actor, productor, empresario, inversionista, autor, filántropo, activista, político y exculturista profesional austriaco que posee ciudadanía austriaca y estadounidense.

Afirma que desde los diez años soñaba con trasladarse a los Estados Unidos para triunfar, hasta que se marchó con veintiún años. Es todo un ejemplo de visualización.

Llegó a los Estados Unidos con la intención de ser el mejor culturista de todos los tiempos, pasando de ganar múltiples Mr. Olimpia hasta incluso hoy en día celebrarse un famoso certamen en su nombre, "Arnold Classic", y llegar a ser el gobernador de California.

Él dice que tienes que creer que vas a lograr lo que quieres y visualizar que lo tienes, y lo conseguirás. Lo más notable es que, antes de que Arnold se hiciera famoso por ser una estrella de cine, mencionó en una entrevista que algún día sería "la estrella de taquilla número uno en todo Hollywood". Esto solo muestra la creencia que tenía Arnold y cómo usó la ley de atracción para atraer esto a su vida.

"Nuestros pensamientos, nuestros sentimientos, nuestros sueños, nuestras ideas, son físicas en el Universo".

Will Smith

Will Smith es un conocido actor, rapero y productor estadounidense. Will cree que la verdadera clave detrás de su éxito masivo es la ley de la atracción. Él dice que necesitas creer en ti mismo y buscar lo que crees, y lo lograrás.

Will explica que la grandeza es accesible para todos si puedes creerlo. Es un verdadero ejemplo de alguien que no solo entiende el poder de la ley de atracción, sino que también lo ha aplicado a su vida con resultados impresionantes.

¿CÓMO PONERLA EN PRÁCTICA?

1- *Tienes que saber lo que quieres y pedirlo al universo, Dios*, Buda, llámalo como quieras.

2- Enfocar los pensamientos sobre el objeto deseado *con sentimientos como entusiasmo o gratitud*.

3- ***"Tienes que verte rodeado de las condiciones que quieres crear"* como si ya estuvieses disfrutando del premio, no como si te faltase algo, porque si sientes que te falta algo eso es constantemente lo que estás atrayendo.**

4- Estar abierto a recibirlo.

Déjame que te cuente una historia real

Me encontraba viviendo en la ciudad de Alicante desde el año 2010 y estaba muy contento, hasta que a los cuatro años la dueña del piso me avisó de que debía abandonar la vivienda, ya que le hacía falta volver a ocuparla.

No quería cambiar de zona, pero tenía solo un mes para marcharme. Me puse en contacto con una inmobiliaria de allí y no había ningún domicilio disponible, pero mi pareja de entonces siguió mirando y, tras llamar para preguntar por una casa, le dijo el dueño que estaba apalabrada a una familia. Sin embargo, le insistimos y ofrecimos garantías de pago, y el dueño cambió de pensar y nos concedió el alquiler, y **era justo en la acera de enfrente de donde estaba viviendo.** Sí, podrás pensar que es fruto del azar, pero ahora viene lo mejor.

A los cuatro años de residir en la nueva vivienda, en 2018, y nueve meses antes de que se me cumpliese el nuevo contrato de arrendamiento, el dueño del piso me llamó para comunicarme que me iba a incrementar la mensualidad debido a que la zona se había encarecido mucho, pero no estaba dispuesto a pagar un precio desorbitado por una vivienda vieja con veinte años de antigüedad.

Siempre había soñado con vivir cerca del mar, incluso que desde mi habitación pudiese divisar el agua, pero las limitaciones económicas y mentales de no creerme merecedor de tales condiciones me impedían este resultado.

Hasta que conocí estos principios y, créeme, que era demasiado escéptico, pero, ¿tenía algo que perder?

Empecé a aplicar esta ley, visualizándome a todas horas viviendo en una casa cerca del mar, y en mis visiones podía ver el mar desde mi cama. Pero no se quedó solo en visualizar, empecé a poner de mi parte, recorriendo inmobiliarias, mirando anuncios por las páginas web de alquiler, etc.

No encontraba nada a mi gusto y lo que encontraba no podía pagarlo, y a pesar de haber visitado algunas viviendas bonitas y cerca del mar, no era lo que yo estaba visualizando, no quería eso, y en el fondo sabía y tenía Fe en que algo me estaba esperando.

Hasta que un amigo encontró algo parecido, y con la intención de ayudarme había mirado en inmobiliarias anuncios de pisos muy cerca de su zona.

Me desplacé hacia allí y fui a visitar tres pisos, y seguía igual, sin gustarme nada, no era lo que yo buscaba. ¿Por qué me iba a conformar con algo que no quería?

Al terminar de visitar el último piso decidí ir por mi cuenta a otra zona costera sin parar a comer, tenía la intención de ver carteles en las mismas fachadas y seguir buscando lo que yo quería, pero no había nada en alquiler.

Fue en ese momento cuando, ya justo antes de volver otro día a casa sin haber conseguido nada, decidí entrar de nuevo en las páginas web.

Había en la página un anuncio de un piso que llevaba ofertándose "30 minutos", llamé sin pensarlo dos veces y le comuniqué al agente inmobiliario que estaba en la zona y que si podíamos concretar una cita. Para mi sorpresa, me citó treinta minutos después, era el primero en visitarla.

Cuando llegué y vi el piso era algo muy parecido a lo que había estado visualizando durante seis meses, no podía creerlo, se estaba cumpliendo la ley de la atracción, y así fue y es desde donde estoy escribiendo estas páginas, querido lector. Por eso te digo que no me creas, hazlo y verás cómo te sorprendes. Solo tienes que tener paciencia, convicción e ir a por el objetivo.

Crear un panel visionario real te ayudará, con fotos y frases inspiradoras, y colocarlo en tu lugar de estudio o en tu habitación para que sea lo primero que veas al levantarte y lo último al acostarte.

Practica la visualización justo antes de irte a dormir, en un sitio tranquilo y relajado. Eso hará que te vayas a la cama con esa conexión neuronal, y TE ASEGURO QUE SE CONVERTIRÁN EN UNA REALIDAD.

¿Recuerdas cuando en capítulos anteriores te decía que **cuando te centras en pensamientos negativos todo lo que atraes a tu vida son desgracias? Pues bien, es así, haces de efecto imán.**

Selecciona en tu mente todo lo relacionado con la función policial o con lo que quieras manifestar en tu vida, todo lo que se te pase por la cabeza.

Busca una referencia, ¿a qué unidad o grupo te gustaría pertenecer? Por ejemplo, si te llaman la atención las Unidades de Intervención, pues a todas horas debes imaginarte vistiendo ese uniforme, subido en esos furgones grandes, en partidos de fútbol, en operaciones antidroga o en controles en la ciudad; cualquier cosa que se te pase por la cabeza que esté relacionada. Tienes que llegar a ANHELAR, recreando situaciones inventadas.

Y, sobre todo, **ten paciencia**, no ocurre de la noche a la mañana, necesitas entender el concepto que te muestro en el siguiente capítulo, ya que es fundamental para no desesperarte.

PERIODO DE GESTACIÓN

Todo en la vida tiene un periodo de gestación.

Paciencia, vivimos en una sociedad que va muy deprisa y lo queremos todo "para ayer", pero todo necesita su periodo de gestación.

No valores la satisfacción del corto plazo. Generalmente, en este plano terrenal las personas no consiguen sus sueños porque se rinden demasiado pronto, empiezan a realizar cualquier actividad y se impacientan enseguida cuando no ven resultados.

Hay un ejemplo muy claro, y son las personas que deciden perder grasa corporal y piensan que en un mes van a tener el cuerpo de sus sueños, un cuerpo el cual llevan maltratando durante años sin hacer deporte y con mala alimentación y malos hábitos, como fumar, beber alcohol, etc.

Pero, claro, ¿a quién le interesa sacrificarse para dejar de fumar si lo fácil es seguir haciéndolo y sentir placer inmediato?

Normalmente estas personas dejan toda la responsabilidad en el dietista o entrenador, que es la persona que los va a guiar, sin ellos asumir su rol, se apuntan a un gimnasio y duran poco tiempo.

Esta es una técnica de *marketing* que usan las empresas, lanzan una oferta en cuyo contrato se detalla que el pago de toda la cuota anual se realizará en el mismo momento de la inscripción a cambio de resultar más económico que si lo pagases mes a mes.

Según la evidencia científica, entre el 5 y el 20 % de los clientes abandonarán las instalaciones a las pocas semanas de darse de alta, generalmente cuando se dan cuenta de ***que cambiar un cuerpo no es cosa de cuatro días y beberse dos batidos.***

Necesitas un guía o un mentor que te indique el camino, pero la dieta la tienes que hacer tú, y lo mismo pasa con el estudio.

Por mucho que te empeñes, un año dura trescientos sesenta y cinco días, un embarazo dura nueve meses, no dos o tres, el carné de conducir no lo puedes obtener hasta los dieciocho años, necesitas una madurez, al igual que la mayoría de edad. Debes ser paciente, no puedes tomar atajos, ***debes respetar los tiempos, y lo que pides se te dará.***

¿Cuántas personas hay que piden las cosas y rápidamente se desesperan cuando no pasan y piensan que no funcionan, afirmando que sus vidas están destinadas a su situación actual?

La vida no te debe nada, tienes que ganarte las cosas. Las personas no han entendido esto todavía y aún siguen esperando milagros sin ellas dar nada a cambio.

En ese periodo de gestación te convertirás en el tipo de persona capaz de dominar lo que quieres conseguir, adquiriendo conocimiento, formación y experiencia, e irás moldeando tu vida poco a poco, ten paciencia.

A veces puede ser cuestión de unos meses, otras veces de un año o incluso varios. Cuanto mayor sea tu sueño, mayor será la distancia a la que te encuentres de él y mayores serán las habilidades que adquirir.

Persevera, mantén una buena actitud y llegarás.

"TU ACTITUD DETERMINA TU ALTITUD"

"Las personas de éxito son los supervivientes dentro de un camino lleno de obstáculos".

Tienes que entender que fracasar forma parte del juego, te va a pasar una y otra vez. En el camino al éxito hay altibajos, no es una línea recta ascendente y, a veces, tienes que bajar un escalón para volver a subir dos.

> El hambre de conseguirlo es la ACTITUD que hará que te diferencies de los demás, no es cuestión de títulos ni de que sepas más, sino de cómo apliques lo que sabes y cómo actúes ante las circunstancias que te puedan ocurrir durante el camino.

¿A QUÉ CIRCUNSTANCIAS ME REFIERO?

Es el universo, que está moviendo las piezas. Lo que es importante que sepas es que los cambios puede que vengan de situaciones distintas:

- **De la forma que tú esperas. Por ejemplo, que estés esperando un trabajo nuevo o una persona que llegue a tu vida. Estas acciones previsibles pueden cambiar tu vida en un segundo.**

— Pero puede que los cambios vengan disfrazados de desgracias que *a priori* no entiendas, como que de repente te abandone tu pareja o sufras alguna pérdida dolorosa. Todo ello será para que encajes donde debes, por muy dolorosa que sea la situación, ten FE, NO TE DESESPERES, todo pasa por alguna razón.

¿Qué te quiero decir con esto?

Si estás pasando por esta situación dolorosa te comprendo perfectamente, sé lo que estás pensando ahora mismo. Te van a dar ganas de tirar la toalla, pensarás que a tus amigos les va mejor que a ti, que tienen unas vidas cómodas y que no están pasando por lo mismo que tú.

Tu mente intentará por todos los medios convencerte de que no necesitas pasar por esto, dándote mil razones que para ti vendrán cargadas de sentido, siendo la excusa perfecta para abandonar.

Y claro que serán totalmente lógicas, pero tu ACTITUD determinará el resultado final.

Piensas que ahora esta razón te parece insuperable o demasiado dolorosa, que no puedes continuar en la consecución de tu objetivo y que más adelante tendrás otras oportunidades con mejores condiciones.

Pero la realidad es que, en el futuro, en otra situación similar, ante otra dificultad, tu mente te volverá a jugar otra mala pasada y volverá a dar otra excusa, y así sucesivamente.

Siempre te dará excusas para que no sigas. Si piensas que en otra ocasión tendrás otra situación más fácil o más favorable, siento decepcionarte porque no es así.

Ante una situación traumática, ¿cómo vas a sacar fuerzas para seguir adelante?

Creerás que no tienes nada bueno en tu vida en ese momento, pues entonces es cuando debes tener más FE, seguir adelante y estar convencido de que vas a lograr tu propósito, aunque lo veas lejos de ti.

Esa es la verdadera "Fe", la certeza de que lo vas a conseguir, aunque no lo veas con los ojos físicos.

Tu corazón te está diciendo que sigas adelante.

Para un momento, detente, escucha qué te dice, él tiene todas las respuestas.

La vida te está poniendo a prueba para ver si eres merecedor de este premio tan grande que buscas. Recuerda mi historia y todos los baches que tuve que pasar, tú estás forjando la tuya y algún día la contarás con orgullo a tus seres queridos, y puede que sea dolorosa, pero merecerá la pena, te lo garantizo.

Para ayudarte en esa situación, practica la GRATITUD, no te imaginas el poder que esconde.

¿Quieres averiguarlo?

LA GRATITUD Y EL PODER QUE CONLLEVA

¡¡Es de bien nacidos ser agradecidos!!

Cuesta muy poco mostrar un poco de agradecimiento, sin embargo, vamos por la vida como auténticos descerebrados, de un sitio para otro, siempre con obligaciones, tareas que hacer y con prisas. No nos detenemos un momento siquiera a mostrar un mínimo gesto de gratitud hacia la vida, hacia esta experiencia maravillosa que estamos teniendo, la oportunidad de vivir, de sentir, de experimentar, de compartir. **No valoramos lo que tenemos hasta que lo perdemos.**

¿Por qué nos cuesta tanto dar las gracias?

La vida es dar para recibir. Si algo tan sencillo como dar las gracias nos cuesta, entonces, ¿cómo pensamos que va a mejorar nuestra vida?

Somos seres egoístas buscando a ver qué podemos obtener de los demás.

Esperamos siempre recibir antes que dar.

No hacemos nada si no vamos a sacar un beneficio, incluso cuando hacemos algo y no recibimos nada a cambio lo recordamos a la otra persona cuando tenemos ocasión y se lo echamos en cara.

Hacemos las cosas con la falsa humildad de que lo hacemos de corazón, pero en el fondo esperamos que nos las devuelvan.

¿Te suena de algo?

Pero la vida no funciona así, debemos dar primero para después recibir.

Si quieres tener abundancia en tu vida, sea en la faceta que sea, enfócate en dar, dar, dar. Haz tu parte y la vida te recompensará cuando menos te lo esperes.

Empieza por dar las gracias y verás cómo cambia tu vida radicalmente.

¡¡¡Gracias por estar leyendo este libro!!!

Hay una gran cantidad de estudios que dicen que la gratitud mejora nuestra vida a muchos niveles, **tanto física como emocionalmente.**

EFECTOS DE LA GRATITUD

—Disminución de los niveles de estrés.

—Aumenta la calidad del sueño.

—Disminuye la agresividad.

—Mayor sentimiento de cooperación.

Te propongo un ejercicio.

Escribe todas las noches antes de dormir una lista de cosas que te hayan pasado en el día por las que te sientas agradecido.

Empieza a enfocarte en la gratitud en vez de en los problemas.

"La vida no trata de esperar a que pase la tormenta, sino de aprender a bailar bajo la lluvia".

Agradece cada día cuando te levantes que eres un ser que puede disfrutar de un hermoso día, cuando alguien te deja pasar con el coche o cuando te ceden el paso en un semáforo.

¿Te has parado a pensar que hay personas que no pueden disfrutar de las cosas más básicas, a las que nosotros no damos la más mínima importancia, a causa de estar impedidos por diversas enfermedades o accidentes?

¿Ves, querido lector, cómo tienes muchas cosas por las que estar agradecido?

Hasta la cosa que te parezca más insignificante, como puede ser encontrarte un céntimo en el suelo.

Fíjate, por insignificante y poco valor que tenga, hay personas que no se agacharían a recogerlo del suelo y otras que sí lo harían, pero enfocadas en la escasez, manifestando que podía haber sido más cantidad:

"Qué mala suerte, solamente un céntimo".

Otras personas marcan la diferencia *agradeciendo simplemente ese hecho, y es un reflejo de cómo les va la vida, andan con una sonrisa permanente.*

Es la misma acción, pero depende de en cuál te enfoques la vas a ver de una manera o de otra, simplemente **da las gracias.**

Practica la gratitud a diario y verás cómo te ayuda a estar **inspirado, enérgico, motivado, positivo, y te será más fácil seguir hacia el objetivo.**

¡¡Agradece lo que tienes mientras esperas lo que quieres!!

¿Has notado alguna vez cuando estás cerca de una persona que está continuamente agradecida por todo cómo esa vibración te contagia y solo tienes ganas de estar con ella y te sientes mejor?

Detente por un momento, observa su vida y sus amistades, son personas excepcionales y con el mismo nivel de energía. La mejor manera de atraer este tipo de personas a tu vida es sencilla…

"Conviértete tú en una de ellas", y por vibración empezarás a atraer a tus similares.

Y, por el contrario…

¿Has estado con personas que están continuamente hablando de sus problemas, de lo mal que les va la vida, de sus desgracias, *maldiciendo y criticando* a los que les va bien?

¿A que te apetece salir corriendo?

Pues no lo dudes, corre, y cuanto más lejos mejor.

Estas personas llevan unidas la negatividad y generalmente son envidiosas.

¿Cómo opera la envidia?

LA ENVIDIA

"Elige tus fuentes"

LOS TRES FILTROS DE SÓCRATES:

Un discípulo llegó muy agitado a la casa de Sócrates y empezó a hablar de esta manera:

—¡Maestro! Quiero contarte cómo un amigo tuyo estuvo hablando de ti con malevolencia...

Sócrates lo interrumpió diciendo:

—¡Espera! ¿Ya hiciste pasar a través de los Tres Filtros lo que me vas a decir?

—¿Los Tres Filtros...?

—Sí —replicó Sócrates—. El primer filtro es la VERDAD. ¿Ya examinaste cuidadosamente si lo que me quieres decir es verdadero en todos sus puntos?

—No... lo oí decir a unos vecinos...

—Pero al menos lo habrás hecho pasar por el segundo Filtro, que es la BONDAD. ¿Lo que me quieres decir es por lo menos bueno?

—No, en realidad no... al contrario...

—¡Ah! —interrumpió Sócrates—. Entonces vamos al último Filtro. ¿Es NECESARIO que me cuentes eso?

—Para ser sincero, no…. Necesario no es.

—Entonces… —Sonrió el sabio—… Si no es verdadero, ni bueno, ni necesario… sepultémoslo en el olvido…

<u>Debes evitar por todos los medios entrar en la crítica, no dejes que otras personas vengan a envenenarte con dimes y diretes.</u>

El envidioso tratará de ponerte incómodo haciendo que te sientas mal para intentar desestabilizarte, incluso aunque lo que te vaya a contar sea inventado.

¿Tienes algo que decir a otra persona? Recuerda pasarlo por la **VERDAD**, la **BONDAD** y la **NECESIDAD** antes de decirlo.

"El envidioso no quiere lo que tú tienes, quiere que lo que tienes no lo tengas".

Para el envidioso siempre lo suyo es mejor que lo tuyo, y por lo general tiene un sentimiento de insatisfacción por no tener lo que tú tienes, y eso lo que hace es desviarle de sus objetivos.

Una persona que no es envidiosa es aquella que no juzga, no critica, tiene paz interior y es feliz, no tiene tiempo de hablar de la vida de los demás porque está centrada en sus objetivos.

"No sobrevalores lo que recibes ni envidies a otros. El que envidia a los demás no obtendrá paz mental".

BUDA

El envidioso no se alegra por los éxitos de los demás, y no solo eso, sino que los atribuye a la suerte, no valora su esfuerzo y se centra solo en el resultado final de la otra persona, sin dar importancia a las dificultades superadas y afirmando que lo consiguieron con facilidad.

La envidia puede manifestarse de muchas maneras:

— **Dinero:**

Estas personas suelen manifestar rechazo cuando ven un coche o una casa de lujo o vestimentas de marca, utilizando un vocabulario despectivo hacia esa persona, como, por ejemplo, **"ricachón de mierda"**, sin darse cuenta de que están creando una relación tóxica con el dinero, porque en realidad les gustaría ser esas personas.

Por un lado, desean tener más dinero, sin embargo, odian a quien lo tiene.

— **Salud:**

El envidioso, cada vez que ve a una persona con el físico ideal, se acoge al rol de víctima y ataca con la típica frase: "Te has puesto gordo" o "Te has quedado muy delgado". Son personas insatisfechas con su físico y, directamente, su intención es hacerte sentir mal porque ellas carecen de tu fuerza de voluntad para conseguirlo.

Además, también responsabilizan de su mala salud al componente genético, entonces cuando estas personas enferman se convencen de que estaban destinadas a ello.

Pero deberían preguntarse qué hábitos de vida llevan. ¿Fuman?, ¿toman alcohol o sustancias psicotrópicas los fines de semana?, ¿tienen una buena alimentación?

— **Amor:**

Cuando te ven feliz, quieren que pases a su situación, intentan envenenarte haciendo que dudes de tu pareja, si te estará siendo infiel, si estará contigo por comodidad o estabilidad económica, por ejemplo, invitando a que seas infiel para ellos sentirse mejor.

Hay muchos tipos de envidia, pero al final tienen el mismo denominador común: **anhelan lo que tienes o quieren quitártelo.**

La envidia sana:

Es aquella, por el contrario, motivadora. Estas personas se alegran de tus éxitos, pero hacen hincapié en que ellas no los han conseguido aún, pero le sirves de inspiración y se encuentran trabajando en la consecución de los mismos.

Como ves, la envidia está presente en todas las facetas de la vida, *elige bien tus fuentes donde beber.*

RESUMEN:

Personas exitosas:

—Siempre serán envidiadas.

—Se alegran por los demás.

—Trabajan en sus objetivos y no tienen tiempo para juzgar a los demás.

"Si te detienes en cada perro que te ladre, nunca llegarás a tu objetivo".

Conviértete en esa persona exitosa, busca referentes, mentores en cualquier área que desees destacar, y con el tiempo se convertirán en tus amigos.

EL CUENTO DEL SAMURÁI

Un maestro samurái comparte con su discípulo:

—Si alguien llega hasta a ti con un regalo y tú no lo aceptas, ¿a quién pertenece el regalo?

—A quien intentó entregarlo —respondió el alumno.

El samurái continúa:

—Así es, lo mismo vale para la envidia, la rabia y los insultos.

Cuando no se aceptan continúan perteneciendo a quien los lleva consigo.

¿ANHELO O NECESIDAD?

En tu camino a la consecución del objetivo debes establecer una diferencia entre dos conceptos parecidos: **ANHELO O NECESIDAD.**

Atraemos las cosas cuando no las necesitamos.

Para conseguir tu objetivo, deberás trabajar incansablemente, sin excusas, ya lo sabes, pero debes **DESAPEGARTE DEL RESULTADO.**

¿Cómo desapegarse del resultado?

Fácil. Pase lo que pase en el camino hacia la consecución de tu objetivo, tú serás feliz igualmente, es decir, tu felicidad no dependerá del resultado.

Actúa como que no lo necesitas.

La NECESIDAD te provocará sensación de inquietud, de nerviosismo, bloqueos, y la suma de todo esto te alejará de él.

Cuando estás en una relación y quieres tanto a la otra persona que por el miedo a perderla empiezas a crear celos y apegos, al final acabas perdiéndola, ¿VERDAD? Pero de nuevo es por tu falta de FE.

¿Te ha pasado alguna vez que cuando buscas impaciente una pareja porque piensas que **la necesitas para ser feliz** no se te acerca nadie?

Entras en una espiral constante de pensamientos como "No aparece esa persona", "Me siento solo", "Nadie me quiere".

Estás generando inquietud y nerviosismo, frustración, son todo energías negativas que impregnan toda tu realidad.

Esa es la señal energética que estás emitiendo continuamente al universo y, por lo tanto, lo alejas cada vez más.

Es porque operas desde un sentimiento de NECESIDAD, lo necesitas para vivir, y sin darte cuenta lo estás alejando más de tu vida.

Esa persona aparece cuando no la buscas porque, en realidad, cuando no la buscas es porque **no la necesitas, y, por tanto, han desaparecido todas esas resistencias.**

Sin embargo, si te fijas, cuando tienes pareja atraes a otras personas porque en ese momento no necesitas nada.

Durante todo el proceso camina a favor del aire, no te dejes invadir por la necesidad y la urgencia.

Para conseguirlo, tienes que establecer metas claras y un plan. ¿Estás de acuerdo?

PLANIFICA TUS METAS

El problema de hoy en día es que preguntas a las personas por sus objetivos, y sorprendentemente la gran mayoría no saben lo que quieren, no tienen sueños, no tienen una meta clara, solo dejan pasar los días esperando que pase algo de repente y les cambie la vida, y así es difícil progresar.

El primer paso es **tener claridad sobre tu objetivo.**

"Si no sabes hacia dónde se dirige tu barco, ningún viento te será favorable".

SÉNECA

Una vez tienes claro a dónde vas, tienes que ordenarte y establecer un camino que recorrer. Para evitar el estancamiento debes establecer metas y recompensas.

Conforme vayas cumpliendo las más pequeñas, la motivación te irá acercando al objetivo deseado, por el contrario, si solo estableces una meta a largo plazo, tienes más probabilidades de que se acabe la motivación a mitad del proceso y abandones.

Tus metas serán a corto, medio y largo plazo, y para eso necesitarás planificar tu día a día con una agenda y anotar las tareas que vas a realizar. Así serás mucho más eficiente y no perderás tiempo en otras tareas menos importantes.

"Si no planificas tu futuro, otro lo hará por ti".

Corto plazo: Metas generalmente que se establecen para un día, una semana y un mes.

Ejemplo: haber estudiado una cantidad de horas al día, saber a la semana un tema y a final de cada mes haber aprendido toda la materia que vas dando en clase, habiendo aprobado los exámenes pertinentes.

Medio Plazo: Metas que pueden establecerse a seis meses.

Ejemplo: aquí debes dominar con claridad la mitad del temario.

Largo plazo: Metas que pueden establecerse a uno o dos años en adelante, como puede ser haber aprobado la oposición.

Dependiendo del tamaño de lo que quieres lograr, mayor será el plazo que deberás establecer.

Después de establecer tus metas en los tres plazos, para ser más efectivo empieza por organizarte el día. Te propongo una herramienta muy efectiva.

Utiliza el famoso…

PRINCIPIO DE PARETO, LA REGLA DE 80/20.

Vilfredo PARETO

NACIÓ en 1848, fue ingeniero, sociólogo, economista y filósofo italiano.

El principio de Pareto, también conocido como la regla del 80-20 o ley de los pocos vitales, describe el fenómeno estadístico por el que, en cualquier población que contribuye a un efecto común, _es una proporción pequeña la que contribuye a la mayor parte del efecto_.

Es una teoría que mantiene que el 80 % de las consecuencias de una situación o sistema se determina por el 20 % de las causas. Es decir, que el **20 % del esfuerzo te dé el 80 % del resultado.**

Empieza el día realizando las tareas más importantes, ese 20 %, como puede ser estudiar, que te dará el 80 %, que es aprobar.

Otro ejemplo:

El 20 % de la población gestiona el 80 % de la riqueza.

Generalmente, al cabo del día vas a tener muchas tareas que hacer.

Por norma, las personas van postergando las tareas más importantes para el final del día, aumentando el estrés al saber que tienes la tarea importante sin realizar.

Empieza con ganas y energía, que se acerca el examen…

Cuando finalizas una tarea o te estás acercando al final, aumenta la motivación, tienes la sensación de estar avanzando, vas a sentir bienestar.

Para tal efecto son necesarias dos cosas: las **recompensas y los hábitos.**

Las recompensas aumentan la producción de la **serotonina, y, por lo tanto, tu motivación. ¿Cómo puedes aplicarlas?**

Hay numerosos ejemplos:

Cuando hagas tu tarea más importante puedes tomarte un respiro o cuando completes tu semana de estudio y entrenamiento podrás salir con amigos, etc.

APRENDE A MANTENER LA MOTIVACIÓN: ¿CÓMO?

Hay varias peguntas que te estarás haciendo y son: "¿Cómo mantener la motivación durante el proceso?" (ya que no somos robots y todos pasamos por altibajos emocionales), "¿Cómo mantener la motivación de cara al examen?", "¿Qué herramientas pueden ayudarme a estar motivado?".

Es esencial saber cuáles son las partes de la motivación para poder trabajar todas ellas y ver cómo pueden afectar a nuestros resultados: **motivación intrínseca y extrínseca.**

**La motivación intrínseca** **sigue siendo una construcción importante que <u>refleja la propensión natural del ser humano a aprender a asimilarse</u>.**

Emana de nuestro interior, de querer **mejorar o no empeorar.**

La motivación intrínseca considero que es la **más importante,** ya que ensalza la autodeterminación, el realizarnos, el sentir que ayudamos a otros.

¿Qué es la autodeterminación?

La teoría de la autodeterminación se centra en la **importancia** de los **motivos intrínsecos** para impulsar

el comportamiento humano, lo que sugiere que el comportamiento motivado intrínsecamente se basa en tres necesidades fundamentales que deben satisfacerse: **competencia, autonomía y relación** (DECI y RYAN, 1985). Las personas intrínsecamente motivadas siguen sus **necesidades e intereses innatos**, mientras que los motivos *extrínsecos están relacionados con las recompensas y los castigos.*

Siempre que te centras solamente en "TENER", en la recompensa de conseguir el objetivo, aunque es importante, **puede generar angustia,** demasiada **presión** o **agobio.**

Si das un giro hacia la autodeterminación la cosa cambia.

Debes fijarte en "QUERER": "Quiero ayudar a las personas con mi trabajo, quiero contribuir con una sociedad más justa". Esto genera sentimiento de satisfacción, ya que fomenta la autodeterminación, porque estás dando con las claves de la felicidad, que son el PROGRESO y la CONTRIBUCIÓN.

Crecerás, adquiriendo por el camino nuevos valores, nuevos conocimientos, que te permitirán ayudar a otras personas.

Si piensas centrarte en la oposición por el **factor extrínseco**, es **decir, únicamente por la remuneración económica,** porque dada la situación actual no tienes trabajo o el que tienes no te gusta, hay mala situación económica en el país y buscas un trabajo fijo y que te dé estabilidad, tienes que reflexionar antes sobre algo **muy importante...**

La responsabilidad que va a recaer tras ese uniforme, que vas a ser objeto de observación a todas horas para cualquier persona y que en muchos momentos vas a ser el centro de atención. También serás una fuente de inspiración, desde los más mayores, muchas veces los más desprotegidos por la sociedad, hasta los más pequeños, "los niños", esas almas puras e indefensas llenas de ilusiones; porque recuerda que ellos siguen a modelos, héroes a los que imitan, y juegan a ser uno de ellos.

Unas veces son de película y otras de verdad, y esos héroes no llevan capa, a veces van disfrazados con un uniforme, el que sea, policías, bomberos, etc.

Si no te llenas de emoción, de alegría en tu interior, con la sola idea de poder ayudar con tu trabajo a otros, déjame decirte que te desilusionarás rápidamente.

Es algo que veo a diario, compañeros de promociones recientes buscan puestos de administrativo, o incluso puestos de trabajo en los que no tienen que asumir apenas responsabilidad, y es que, aunque todos los puestos de trabajo son importantes y cada uno desempeña su función, creo que no son para recién empezada la carrera profesional.

Los ves como si llevasen muchos años trabajando, es el llamado efecto "caimán", casi no les puedes dar los buenos días porque parece que te van a morder, y lo peor de esto es que al final el sentimiento de frustración de estas personas lo pagará el ciudadano. Mala atención, desgana y poca profesionalidad.

La gran mayoría de veces no intervendrás en atracos a un banco, en un tiroteo o una detención de un narco, eso es un porcentaje mínimo.

Pero, por el contrario, la mayoría de tus intervenciones serán auxilios humanitarios, desde la cosa más ínfima a lo más importante.

Un sentimiento común que tenemos los humanos es que **"nos gusta que nos escuchen", ya que todos tenemos problemas más grandes o más pequeños, pero están ahí, se trata de enfocarnos en la solución y no en el problema, pero, sobre todo, _escucha_.**

Un día, cuando tenía diecisiete años, mis padres querían ir a pasar el fin de semana a la montaña, pero a mi hermana y a mí no nos apetecía. Así que les intentamos convencer de que nos dejasen quedar en casa, les dijimos que nos portaríamos muy bien y que haríamos todos los deberes que teníamos. Al final, ellos nos dejaron, pero con la condición de que pintásemos la cocina, porque estábamos haciendo reformas en casa. La cocina estaba vacía y empapelada, solo faltaba que la pintáramos. Ellos se marcharon y nosotros nos pasamos todo el fin de semana haciendo lo que quisimos. Pero, entonces, el domingo dijimos: "¡Ostras! ¡Si teníamos que pintar la cocina!"; y nos pusimos manos a la obra. Pero, ¿qué pasó?, que era _tan tarde que lo hicimos muy muy rápido porque no teníamos tiempo, y claro, nos quedó muy mal pintada, pero muy muy mal pintada._ Llegaron nuestros padres y, cuando vieron la cocina, se enfadaron mucho con nosotros por haberlo hecho tan mal. Nos dijeron:

"Pero, ¿qué es esto? Si esto es una chapuza. ¿Qué habéis hecho? Ya podéis volverla a pintar como Dios manda". Y tuvimos que volverla a pintar toda entera.

A veces pasa como en el ejemplo anterior, no es que seamos malos o no sepamos, es *"que sale el chapuzas", y no solo sale todo mal, sino que hay que volverlo a repetir.*

Resumen:

Estás sometiendo a esa persona que requiere tu ayuda a una victimización secundaria, y acude a ti porque tiene un problema, ya es una víctima de cualquier situación y busca una solución, y tú le estás generando otro problema.

Por lo tanto, no seas chapuzas y haz bien tu trabajo, si no lo tendrá que reparar otro compañero.

¿Cómo crees que afecta eso a la imagen policial? ¿Cómo crees que hablará esa persona del colectivo?

"Con la misma vara que mides, serás medido".

"Trata a los demás como te gustaría ser tratado".

¿Verdad que te gusta que te escuchen?

Pues así serán una gran parte de tus intervenciones, y es que cuesta tan poco ser amable, respetuoso y sentir un poco de empatía, que no te imaginas el bien que harás y la felicidad que sentirás por el deber cumplido.

El que hace un acto de bondad aumenta la producción de serotonina (felicidad), y no solo del re-

ceptor, que en este caso es el ciudadano, sino del emisor, que eres tú.

Al igual que si presencias un acto de bondad, solo por estar en el mismo campo de energía verás aumentada tu serotonina y felicidad.

¿Y cómo formar un hábito?

¿CÓMO FORMAR UN HÁBITO?

Existen diversas teorías sobre la formación de un hábito.

El cirujano plástico Maxwell Maltz determinó que para crear un hábito es preciso que transcurran veintiún días. Posteriormente se ha visto que las neuronas no son capaces de asimilar de forma concreta un nuevo comportamiento en ese tiempo y corremos el riesgo de abandonar de forma prematura solo con veintiún días de entrenamiento.

En estudios posteriores realizados por la University College de Londres descubrieron que, como media, en realidad son necesarios sesenta y seis días para incorporar una nueva conducta en nuestra rutina y hacer que se mantenga.

También descubrieron que dejar un día de seguir la conducta no es perjudicial para el objetivo a largo plazo.

La realidad es que depende de la insistencia, la perseverancia y el interés por mantener el hábito.

Según la ciencia, _el placer y la motivación intrínseca pueden ayudar a la formación de hábitos a través de la promoción de un mayor aumento en la fuerza de los hábitos por repetición de comportamiento._

Es decir, el placer que experimentamos al sentir que progresamos nos puede ayudar a seguir con el hábito, llevándonos a mantenerlo durante el tiempo.

Las formaciones de hábito pueden ser más exitosas cuando las conductas objetivo son placenteras o _se valoran intrínsecamente_.

¿QUÉ RELACIÓN HAY ENTRE UN HÁBITO Y UN LÁPIZ?

"EL LÁPIZ MÁS CORTO ES MÁS PODEROSO QUE LA MEJOR MEMORIA".

La mayoría de personas, aunque sepan esto, no lo hacen, bien porque no lo consideran necesario, ya que confían en su memoria (gran error), o bien porque no le dan importancia, y, claro, al final las palabras se las lleva el viento, con la consiguiente pérdida de información y de oportunidad.

En los numerosos seminarios a los que asistí de personas de éxito en el ámbito del crecimiento personal, me di cuenta de que todos tienen un patrón común: **"no dejan nada al azar".**

Son personas muy metódicas, con unas rutinas muy definidas y hábitos saludables. Todos llevan su agenda y escriben el orden de importancia de sus tareas diarias, cumpliendo con todos sus compromisos.

Incluso en los seminarios tienen un guion, el cual preparan con anterioridad, y no te puedes aprender todo de memoria, pero estructurar el sistema te ayuda a clarificar todo y que no se te olvide nada. Te preguntarás cuáles son los hábitos de estas personas...

Te he condensado en este libro **los hábitos en los que todos coinciden para que empieces a integrarlos desde ya**.

¿Vas a ser de los que terminarás de leer y no los practicarás?

¿Vas a ser como la mayoría de las personas que no hacen las cosas y siguen sin tener resultados? ¿O, por el contrario, te vas a diferenciar?

¡¡¡HAZLO, EMPIEZA A ESCRIBIR TU FUTURO!!!

QUINCE HÁBITOS DE PERSONAS EXITOSAS

Para llegar antes a tu objetivo necesitas ser tremendamente productivo, aprovechar al máximo el tiempo del que dispones, convirtiéndose tu día a día en una lucha por la supervivencia; tienes que trabajar más que los demás.

Ya lo decía **Darwin** en *El origen de las especies* con respecto a la causa de la selección natural: "Los individuos menos adaptados tienen menos probabilidades de sobrevivir".

¿Cómo vas a lograr "sobrevivir" en un mundo en el que estás luchando contra otros por el mismo puesto de trabajo?

A continuación, te mostraré algunos pasos tremendamente efectivos utilizados por las personas más exitosas para que pises el acelerador y adelantes a los oponentes que puedas encontrarte en la consecución de tu puesto de trabajo.

1— **Todos los líderes son lectores:** Cuando les preguntas, ellos te van a decir que donde más se aprende es en los libros, ni en la universidad ni en los másteres. Afirman que han leído centenares de libros, y no solo se centran en ser expertos en una sola materia, aumentan su visión y trabajan TODOS los campos posibles.

2— Buscan a otros mentores con resultados en el área en la que quieren especializarse: Es una inversión grande que tendrás que pagar, pero es una inversión en ti mismo que con el tiempo dará sus frutos y tú podrás enseñar a otras personas y ganarte con ello la vida.

Uno de los impedimentos que encontrarás es el dinero que cuestan las formaciones. Llevo más de quince mil euros gastados en formaciones, pero si quieres aprender de los mejores, una vez más, **"debes pagar el precio".**

Lo verás como una resistencia, y claro que lo es, tú decides si realmente eres más grande que tus excusas, y si no tienes el dinero ya buscarás la manera de encontrarlo.

La gran mayoría decide no hacerlo, sin embrago, no dudan ni un segundo en sacar un crédito para costearse unas vacaciones que tan solo van a durar unos días. Aquí está la diferencia, de nuevo se repite la forma de actuar, apuestan por el corto plazo.

¿Inversión o deuda? Tú eliges.

¿Piensas que cuestan mucho dinero las formaciones?

En primer lugar:

El dinero es un filtro de compromiso, realizar una gran inversión económica diferenciará de forma clara quién está implicado de verdad.

Si no temes perder una cantidad de dinero importante, conforme se torne la situación difícil abandonarás, fallando una vez más a tu compromiso.

No son las palabras lo que te define, son tus actos.

En segundo lugar:

Son personas que tienen resultados en esa área que tú quieres conseguir y te **ahorrarán** un montón de **pasos que ellos dieron antes, equivocaciones,** y, sobre todo, lo más importante y que no está pagado con dinero, te ahorrarán **TIEMPO**.

En tercer lugar:

Están resumiendo para ti la mejor información y por la que ellos pagaron bastante más cantidad de dinero.

Por lo tanto, si lo piensas bien, es un precio económico.

Un ejemplo de esto también pueden ser los libros.

Imagina la cantidad de dinero que he invertido para plasmarla en solo tres libros para ti, querido lector.

Si realmente no eres capaz de invertir en lo que cuestan tres libros, ¿de verdad piensas que con esa mentalidad vas a tener una vida de abundancia?

**¡¡INVIERTE EN CONOCIMIENTO,
NO EN VACACIONES!!**

3— **Celebran sus éxitos día a día:** Para ellos, ayudar a mejorar la vida de los demás forma parte de sus éxitos y lo celebran a diario.

Se esfuerzan por aportar valor y eso se transforma en parte de sus éxitos.

Cuanto mayor es el esfuerzo, mayor es la recompensa, ayudando a un mayor número de personas.

4— **Empiezan el día muy temprano:** En torno a las seis o siete de la mañana, o incluso antes, pero para eso se acuestan pronto, llegando a dormir siete u ocho horas diarias.

Al empezar pronto el día afirman tener mayor claridad mental, rinden mejor y son capaces de abarcar más cantidad de trabajo y cumplir con todos sus compromisos.

5— **Tienen hábitos de vida saludables:** Cuidan su cuerpo, son ordenados, al levantarse hacen su cama. Mantener el orden de su espacio les ayuda a establecer un orden mental.

Crean nuevos hábitos, como aprender a lavarse los dientes con su mano no dominante o aguantar los cubiertos con ella, lo que les ayuda a **crear nuevas conexiones neuronales.**

Es cuestión de práctica, no te desesperes.

Beben agua recién levantados, afirman que les ayuda a mantenerse hidratados, esencial para el funcionamiento cerebral.

Toman infusiones con mezcla de sustancias naturales, como el **ginko bilova**, potenciando su rendimiento cerebral.

6— **Programan su día la noche anterior:** Son los auténticos creadores de su destino, lo tienen anotado todo en una agenda, no dejan nada al azar, enfocando toda su energía en lo que tienen establecido de antemano, evitando así la pérdida de gran cantidad de tiempo.

7— **Constante evolución:** A pesar de sus grandes riquezas, entienden muy bien que la felicidad no reside en los bienes materiales, sino en su propio crecimiento constante y en la contribución que hacen al mundo.

Destinan un porcentaje de sus riquezas a organizaciones benéficas o incluso las crean ellos mismos.

8— **Salieron de su zona de confort física:** La gran mayoría tuvo desafíos que les hizo abandonar sus hogares, volverse independientes, más fuertes, más inteligentes. Aprendieron a realizar las tareas más importantes, adquiriendo nuevas habilidades. Fueron personas muy desafiadas.

Salir de tu zona de confort

Seguramente tengas una vida cómoda, como la tienen tus amigos, viviendo en casa de tus padres sin que te falte de nada, y ojo, esto no quiere decir que así no lo puedas conseguir, pero te será mucho más fácil conseguir tu sueño si empiezas a ser independiente. Recuerda que tus padres no van a estar toda la vida para solucionarte tus problemas, deja de perder el tiempo y muévete ya.

Te vas a preparar para después, cuando apruebes y tengas que salir forzosamente de casa para ingresar en la Escuela De Formación, por lo tanto, ya llevarás ese camino recorrido y el proceso de adaptación a la academia te será mucho más fácil.

He visto abandonar a personas que no aguantaron la presión de estar lejos de sus familiares, no puedes permitirte ese error.

9— **Enfrentan sus miedos:** Ellos también tienen miedos, pero la diferencia es que no postergan.

Te darás cuenta de que los miedos son mucho más débiles cuando los miras de frente, y que son todo mecanismos de la mente para no dejarnos actuar.

¿A qué le temes tanto?

A una ciudad distinta, a personas desconocidas, a un trabajo nuevo, etc. Los miedos pueden ser innumerables. Todo son obstáculos que van a forjar tu personalidad, aumentarán tu confianza y te prepararán para nuevos retos, cada vez mayores.

10—Escogen sus amistades: Se relacionan con personas de su mismo nivel, siempre pueden aprender unos de otros e intercambian ideas con el objetivo de seguir prosperando y potenciando sus negocios. EL ÉXITO GENERA ÉXITO.

En la academia te vas a rodear de personas con tu mismo objetivo.

Cuando se presente alguna adversidad, podrás recurrir al grupo, os vais a ayudar unos a otros, a motivar. Se va a crear una magia entre vosotros que os impulsará al éxito, una energía positiva entre todos los componentes del grupo que se contagiará a cada uno de vosotros.

Tu vida va a girar en torno al objetivo, se va a crear una competitividad entre vosotros, un pique "sano" que te va a someter a una presión constante que te ayudará a no quedarte atrás.

11— No ven la televisión: Están la mayor parte del tiempo centrados en sus negocios, durante el tiempo libre leen libros, como te dije en el primer punto.

Estamos influenciados por las televisiones, y si te das cuenta no hay ninguna noticia buena que nos ofrezcan. Con ello nos hacen creer que vivimos en un mundo hostil lleno de desgracias, y lo que refuerzan es nuestro sentimiento de negatividad, que no te será beneficioso.

Las noticias trágicas generan angustia y ansiedad.

¿Serías capaz de recordar con facilidad algún día trágico en nuestra sociedad y volver a experimentar ese sentimiento angustioso?

Apuesto a que tienes más de uno en la mente ahora mismo.

Aprovecha que has salido del entorno familiar para adoptar nuevos hábitos.

12—Limitan las redes sociales: Los grandes dueños de empresas como Microsoft, Apple o Amazon tienen restringida la comunicación y el acceso a las redes a sus hijos, ellos saben muy bien lo que hacen.

Al igual que las tecnologías son muy beneficiosas si las sabemos usar, también son muy adictivas, y las redes sociales son un arma muy potente para que te alejen de tus sueños.

Por lo tanto, te recomiendo que gestiones muy bien tu tiempo y ***solo las utilices cuando hayas acabado tus tareas principales***.

Algo que funciona muy bien es quitar la conexión de datos durante dos horas y encenderla durante diez minutos a modo de descanso para contestar posibles mensajes, ya que, de lo contrario, te distraerás a cada sonido o luz que emita tu teléfono.

13—Naturaleza: Aprovechan para salir a la naturaleza, al mar o a la montaña, saben el beneficio que les reporta a nivel mental y emocional. Hay numerosos estudios que dicen que el contacto con la naturaleza nos ayuda a controlar los niveles de estrés y actúa como antidepresivo.

14—Practican deporte: Realizan ejercicio físico habitualmente, es una manera de oxigenar el cerebro y empezar el día al máximo de su potencial.

El deporte genera una serie de endorfinas, sustancias químicas que elevan la serotonina, que es la hormona de la felicidad, y la dopamina, que es una hormona que les ayuda a conseguir sus objetivos, así consiguen mantenerse motivados.

Necesitarás pasar unas pruebas físicas, y para eso debes estar en la mejor condición de tu vida. Hablaremos de ello largo y tendido más adelante.

15—Meditan: Utilizan esta técnica para reducir el estrés diario. Conseguirás estar enfocado en tu objetivo y tener claridad, si no sabes por dónde empezar ni cómo hacerlo hay disponibles muchos programas actualmente de meditación guiada.

Te recomiendo que lo hagas nada más despertarte, te ayuda a estar todo el día enfocado en tus tareas, y si puedes también antes de acostarte.

EFECTO PIGMALIÓN

En un capítulo anterior te hablé de tu ZONA DE CONFORT, tu entorno, y cómo modificarlo a tu favor con una serie de herramientas que me funcionaron, utilizadas por personas de éxito, para ayudarte a conseguir el objetivo con más claridad, pero solo hablaba del entorno físico, del espacio, de tu lugar de trabajo.

Pero, ¿qué opinión tienes de tu entorno personal? Y más importante…

¿Qué opinión tiene ese entorno de ti?

¿Te ven una persona capacitada?

En tus objetivos diarios, ¿te sientes apoyado por ellos?

¿Y cómo hablan de sus propios objetivos?

Cuando lo hacen, ¿utilizan palabras de conformismo, derrota o fracaso?

¿Cómo pueden llegar a influirte en tu día a día en la toma de decisiones?

La mayoría de las veces lo que más nos limita es el entorno personal, nuestro círculo más cercano, aquellos con quienes pasamos más tiempo, las personas de nuestro alrededor que nos dicen que no podemos, que es muy difícil y que no lo vamos a lograr, sobre todo si es un objetivo grande.

Probablemente a lo largo de tu vida hayas escuchado este tipo

de palabras de tus amigos, conocidos, etc., y lo que sucede es que sin darse cuenta estas personas se hablan a ellas mismas.

Son personas fracasadas que están buscando que no lo consigas para ellas no sentirse incómodas por sus fracasos y, por lo tanto, seguir en el molde de víctima, justificándose, sin esforzarse, reforzando su sistema de creencias de que no se equivocaban cuando te decían que eso era imposible para ti.

Me hace gracia cuando le preguntas a alguien por cómo es su trabajo y te contesta que es feliz así con su vida, sin embargo, lo oyes despotricar y hablar mal del jefe o encargado que no soportan continuamente.

Estas personas ya se rindieron hace mucho tiempo y mataron sus sueños. Es difícil que vuelvan a tener más oportunidades y, si es así, que las sepan aprovechar, solo tienes que ver cómo les va la vida y que nada les cambia.

Alguien al que le va bien, que tiene buena posición económica, que se esfuerza día a día, no te va a limitar, al revés, te va a impulsar a conseguirlo como hizo él porque quiere rodearse de personas con los mismos valores e inquietudes, y luego estas personas son mal llamadas "elitistas", pura envidia.

¿A quién no le gusta la abundancia en todos los campos, salud, dinero y amor? ¿A quién no le gustaría vivir de su pasión o con un trabajo mejor remunerado y poder disponer de más tiempo libre?

"Elige un trabajo que te guste y no tendrás que trabajar ni un solo día de tu vida".

CONFUCIO

Como decía anteriormente, ¿tu entorno confía en ti? A continuación, verás cómo influye la gente que te rodea en la consecución de tus objetivos y cómo debes poner en práctica el siguiente PRINCIPIO...

"NO SE LO CUENTES A NADIE"

A la hora de empezar un proyecto nos sentimos entusiasmados, fantaseamos con cómo será nuestra vida después de conseguirlo y tenemos la necesidad de contárselo a todo el mundo, pero déjame decirte que no es lo más acertado, y **si lo haces selecciona muy bien a quién, y que sean muy pocas personas,** ya que hay algo que quizá no conozcas...

La mayoría de personas no quieren ver a alguien mejor que ellas, alguien que consigue lo que ellas no han podido, de hecho, durante la escritura de la trilogía *CREA TU FORMA*, solo lo supieron mis dos hermanas.

Que seas capaz de hacerlo depende de ti, pero tu entorno tiene la capacidad de influir en tu resultado, esto se conoce como... "El efecto Pigmalión".

El **efecto Pigmalión o la profecía autocumplida:** es un suceso que describe cómo la creencia que tiene una persona sobre otra puede influir en el rendimiento de esta última.

Con esto quiero decir que existe una relación directa entre las **expectativas** que hay sobre un sujeto y el **rendimiento** que se obtiene de este.

Tu entorno tiene la capacidad de influir en tu resultado, tanto para bien como para mal.

Efecto Pigmalión en positivo: hará que cojas autoconfianza en ti mismo y en el proyecto que estás realizando.

Efecto Pigmalión en negativo: tu autoestima comenzará a disminuir y la confianza en el proyecto también. Si no tienes una determinación muy clara, podría llevarte al abandono.

Si el entorno confía y tiene buenas expectativas sobre ti te será de gran ayuda, y es que recuerda que somos el resultado de nuestros pensamientos y la negatividad se expande como la pólvora.

Rosenthal y Jacobson fueron quienes estudiaron este efecto. En los años sesenta realizaron un pequeño experimento en una escuela californiana que consistía en dar información falsa a los profesores acerca de la capacidad intelectual de algunos de sus alumnos.

A los profesores se les dijo que se había realizado un test de inteligencia a sus alumnos, y que se había comprobado que una serie de estudiantes tenían un gran coeficiente intelectual.

En realidad, los alumnos habían sido escogidos al **azar**, sin relación alguna con el resultado del test. El estudio, que tomaba a los profesores como cobayas del experimento, estaba designado para comprobar si aquellos alumnos respecto a los que **los profesores tenían mayores expectativas** terminarían mostrando un mayor crecimiento intelectual que el resto de los alumnos del grupo cuando se les evaluase posteriormente.

Al final del experimento, algunos de **los estudiantes de los que se tenía la expectativa que eran más capacitados mostraron** unos resultados en los test de inteligencia **superiores** a los que se hubiese esperado de ellos sin la intervención realizada, y las notas obtenidas en los test fueron superiores a las de otros estudiantes de capacidades similares.

Estos resultados llevaron a los investigadores a concluir que las expectativas que los profesores tenían sobre determinados estudiantes y el comportamiento que tuvieron con ellos después fueron las causas de que los estudiantes experimentaran un aumento del rendimiento.

RESUMEN:

1— Solo necesitas que una persona crea en ti, y ese alguien eres **tú mismo**, pero incluso cuando tú no lo hagas las expectativas de tu **entorno tendrán capacidad de influirte enormemente.**

2— **Apártate del círculo negativo**, te darás cuenta de que poco a poco ya no estarán en tu misma vibración y te alejarás casi sin hacer ruido, créeme. Esto no quiere decir que tengas que tener mala relación, pero ya no serán una prioridad para ti, aunque sean amigos de toda la vida.

Sigue adelante y confía en tu intuición, en lo que emana de tu interior, el verdadero ser, el conoce la verdad.

3— Aparecerán nuevas personas por **SINCRONI-CIDAD.**

¿En qué consiste esta terminología?

SINCRONICIDAD

¿Crees en las coincidencias?

Seguramente te haya pasado en alguna ocasión que te has enamorado a primera vista.

¿Verdad?

Se llaman sincronicidades, es como si alguien te hubiese puesto a esa persona en el camino, y así es, llega a tu vida para que experimentes crecimiento, aprendizaje y evolución.

En el camino hacia tu objetivo te pasará algo parecido, pero no me refiero al amor, aunque puede pasar que encuentres a esa persona especial.

Si de verdad estás centrado solo en tu objetivo y toda tu energía está puesta en el mismo punto, será difícil centrarte en encontrar el amor, pero no imposible, primero debes construir tu castillo.

Recuerda que todo es un orden de preferencias y ahora mismo la relación puede esperar.

Cuando salgas de tu círculo y te expongas a nuevas aventuras, la vida te pondrá en el camino **coincidencias con personas,** las cuales se convertirán en **grandes amistades** y, sin darte cuenta, te ayudarán a alcanzar tu objetivo con más facilidad.

Remarán contigo y te abrirán nuevos caminos. Sé agradecido por esta nueva oportunidad que te brinda la vida.

"Cada coincidencia de la vida nos transmite un potencial milagroso... Solo hay que entender las fuerzas que las provocan y lograremos vivir en un nivel más profundo y acceder al núcleo de nuestra existencia, en el que yace el flujo de la sincronicidad: un renacimiento que nos traerá nuevas maneras de percibir y de ser y que transformará nuestra vida en una experiencia deslumbrante".

DEEPAK CHOPRA

Todas las personas tienen algo que aportar, por insignificante que te parezca, abre los ojos y observa atentamente.

Estas casualidades existen, y debes estar atento porque se te presentarán a lo largo del proceso.

Son personas que están en tu misma vibración, con tu mismo nivel de energía, puede que estén en la búsqueda de tus mismos objetivos o pueden ser simples maestros.

Te podrán llevar a lugares que nunca imaginaste, con aprendizajes y experiencias únicas y enriquecedoras.

Tienes que estar abierto a aprender con **humildad, esa palabra que está en desuso en nuestros días. Pensamos que lo sabemos todo, que sabemos más que los demás, y no damos oportunidad a aprender cosas nuevas.**

¿Cómo es la vida de un sabelotodo?

Si realmente crees que lo sabes todo, déjame decirte que estás muerto en vida.

La Humildad realmente es la base para seguir creciendo interior y exteriormente, física y espiritualmente.

Y ese aprendizaje puede llegar a tu vida en forma de persona a través de esta sincronicidad.

Los maestros no solo se encuentran en las escuelas, no los rechaces tras una primera impresión solo porque no encajan con tu sistema de creencias, con tu forma de pensar o porque no posean un título.

Es más, la universidad donde más aprenderás es la de la vida y con estos maestros que no te enseñarán entre cuatro paredes.

Cuando aparezca una persona así, no lo dudes, pégate a la rueda, como lo hacen dos ciclistas en una subida a un puerto de montaña, porque uno marcará el ritmo y el otro le seguirá, tomando la delantera al resto del pelotón.

La unión hace la fuerza, os ayudaréis mutuamente y, cuando te fallen las fuerzas, tirará de ti, y después tú darás el relevo, y así hasta llegar a la meta.

Si la vida te ha puesto en el camino esa persona es por algo, sigue tu Intuición y trabaja fuerte.

Sigue avanzando y superando obstáculos, no te limites, hay cantidad de herramientas que te allanarán el camino, no hay atajos, pero pueden ayudarte a sobrellevarlo mejor. Voy a mostrarte unas cuantas.

Para acceder a cualquier puesto de trabajo te enfrentarás a pruebas escritas, son obligatorias, y conocer estas herramientas te diferenciará de los demás.

¿Tienes curiosidad?

PRIMER GRAN DESAFÍO
EL DÍA DEL EXAMEN ESCRITO

Llegó el día de las pruebas escritas y no te puedes permitir fallar en la técnica, todo el trabajo duro que has realizado vas a plasmarlo, es el momento.

Pero es IMPORTANTE que recuerdes que ***no puede depender tu felicidad de un hecho puntual*, por eso debes disfrutar del camino, de tu transformación, de todo el aprendizaje que has adquirido, y tanto si sale bien como si no **vas a ser feliz igualmente**, esto te ayudará a quitarte presión.

"Tener el sentimiento de que te falta algo en la vida y que por eso no puedes disfrutar es un sentimiento de locura".

Si sientes que te falta algo no te sorprendas si manifiestas una y otra vez eso en tu vida y, por lo tanto, no vas a ser feliz nunca.

Ayudarte a gestionar algunas emociones con suficiente antelación cobra especial relevancia, con la ayuda del psicólogo afrontarás el examen con mayores garantías.

INTERVENCIÓN PSICOLÓGICA

El psicólogo es un profesional a veces mal entendido, quizá por ignorancia, quizá por mala interpretación nuestra, de allegados o de alguien que simplemente ha tenido una experiencia y en base a ella emite un juicio de valor.

Muchos de nosotros pensamos que solo debemos acudir a él cuando tenemos problemas, y este profesional nos ayudará a ver las cosas desde un punto de vista que quizá no somos capaces de apreciar, quizá por la gravedad de nuestra situación o quizá porque la situación no es tan grave.

"Cuando cambias la forma de mirar las cosas, las cosas que miras cambian".

WAYNE DYER

Puedes apoyarte en él durante el proceso y, sobre todo, de cara a prepararte la tan temida entrevista personal, de la que hablaré en la parte final del libro.

"LAS DOS MONTAÑAS"

Imagínese que usted y yo somos unos escaladores que estamos trepando nuestra propia montaña de la vida. Es posible que, mientras yo subo mi montaña, pueda divisar desde mi perspectiva y verlo a usted ascendiendo en su montaña. Lo que yo puedo ofrecerle como terapeuta es solo lo que puedo comentarle desde mi perspectiva. Ofrecerle mi punto de vista externo o independiente. No es que usted esté equivocado y yo esté en lo correcto. Los dos somos unos seres humanos enfrentándonos al mismo reto de escalar nuestras respectivas montañas. No es que uno esté arriba y el otro esté abajo, en el sentido de que yo sepa y usted no. Mi trabajo consiste en proporcionarle dicha perspectiva, de tal forma que esto le ayude a que usted llegue a donde quiere ir.

¿Cómo puede ayudarte la intervención psicológica de cara al examen?

Un estudio de **Saravanan C (2014)** revela cómo podemos afrontar esa sensación de falta de motivación. **Presta atención, compañero.**

- **Estudio de control aleatorio de la intervención psicológica para reducir la ansiedad, la amotivación y la angustia psicológica entre los estudiantes de medicina.**

La ansiedad ante los exámenes agrava la angustia psicológica y reduce la motivación entre los estudiantes graduados. Este estudio tuvo como objetivo identificar la intervención psicológica para la ansiedad ante los exámenes, lo que **reduce el nivel de angustia psicológica, la amotivación y aumenta la motivación intrínseca y extrínseca entre los estudiantes de medicina.**

La escala de ansiedad de prueba del lado oeste, la Escala de estrés percibido de *Kessler* y la Es-

cala de motivación académica, se utilizaron para medir la ansiedad de prueba, la angustia psicológica y la motivación en cuatrocientos sesenta y seis estudiantes de medicina en un año. De los cuatrocientos treinta y seis, setenta y cuatro estudiantes que exhibieron ansiedad de prueba moderada a alta se dividieron al azar en grupo experimental o en lista de espera.

En este verdadero estudio experimental aleatorizado, treinta y dos participantes del *grupo de intervención* recibieron cinco sesiones de intervención psicológica, que consisten en **psicoeducación, terapia de relajación y desensibilización sistemática.** Treinta y tres estudiantes de la *lista de espera* recibieron una sesión de consejos y sugerencias.

RESUMEN:

Después de la intervención psicológica, los participantes del grupo de intervención experimentaron:

- *MENOS ANSIEDAD, ANGUSTIA PSICOLÓGICA Y FALTA DE MOTIVACIÓN.*

- *Alta motivación intrínseca y extrínseca* en la posevaluación en comparación con sus puntajes de evaluación previa.

- *La intervención psicológica general es efectiva para reducir las puntuaciones de ansiedad y sus variables relacionadas.*

NUEVE PAUTAS PARA AFRONTAR EL EXAMEN:

1— Si durante el proceso has puesto en práctica la **meditación,** ya dominarás esta materia. Practícala como de costumbre la noche antes, que los nervios ya están a flor de piel y te costará conciliar el sueño. Te ayudará a calmarte para pasar la noche lo mejor posible y, sobre todo, hazlo al levantarte para empezar el día manteniendo el enfoque.

La cuestión no es evitarlos, ya que será prácticamente imposible, pero si vas excesivamente nervioso corres el riesgo de bloquearte, y si no sabes salir de ese bloqueo se acabó la prueba, pero tranquilo, que también se puede solucionar, te lo mostraré más adelante.

Un poco de nervios nos activan y nos hacen actuar.

2— A veces los milagros suceden:

Hay una fuerza Universal que lo controla todo. Si mantienes una actitud positiva constantemente, trabajas duro y estás dispuesto a que las cosas sucedan, verás aparecer milagros en tu vida.

Pero a la par que trabajas debes pedirlo incesantemente a tu Dios, al Universo, a tu Ángel Guardián, a Tu Yo Superior, a la energía, o como quieras llamarlo; no se trata de religión, sino de energía.

A lo largo de la historia se han sucedido milagros de todas clases.

La historia de Colton Burpo, quien hoy tiene once años y vive en Nebraska, reaviva el debate sobre las experiencias cercanas a la muerte o las experiencias fuera del cuerpo que han tenido millones de personas en todo el mundo.

Lo curioso de los relatos de quienes han vivido estas experiencias es que todos pasaron por situaciones extremas de supervivencia y coinciden en que salieron de sus cuerpos y se vieron a sí mismos en las salas de emergencia.

Personas de todas las edades, colores, credos y nacionalidades cuentan que vieron un túnel con mucha luz, que se encontraron con seres queridos muertos y que sintieron una profunda sensación de Paz.

Colton forma parte de este grupo de personas que dividen aguas: algunos son escépticos y creen que hay una explicación química para el fenómeno, y otros que realmente tuvieron una experiencia extrasensorial… cercana a la muerte.

"Fue recién cuatro meses después de la operación de Colton que supimos que algo extraordinario había pasado a nuestro hijo", cuenta Todd Burpo, papá de Colton, en el libro *Heaven is for Real*.

La familia iba en el auto cuando Colton les dijo a sus papás que "había visto a Jesús en un enorme caballo con colores del arcoíris" y que "había conocido a su hermanita que nunca había nacido".

El niño narró increíbles detalles de una situación que sus padres jamás le habían contado: su mamá había sufrido un aborto espontáneo en 1998.

Lo que siguió fue una historia de esas que marcan un antes y un después en la vida de las personas. Colton dijo que "los ángeles le habían cantado" y que "había conversado con uno de sus bisabuelos", quien murió treinta años antes de que él naciera.

Colton describió con detalle ese mundo repleto de colores, y cuando su papá le preguntó dónde estaba ese lugar, le dijo: "Es el cielo, papá". En aquella época Colton tenía tres años.

Si hay personas que han experimentado estos milagros, tú también puedes verlos manifestados.

3— Cuando llegues al lugar del examen, y esto es muy importante, **evita relacionarte con otros compañeros**, ¿por qué?

Verás que al llegar al lugar donde se celebra el examen hay ya muchos de tus contrincantes y un murmullo constante, hablan entre ellos y se percibe un grado de nerviosismo excesivo, y créeme que, como te he explicado a lo largo del libro, esa energía negativa se contagia.

El porqué de esto es muy sencillo: dudas, miedos, inseguridades y falta de trabajo durante el proceso.

Esas personas que dudan son las que contagian al resto, pero tú estás preparado, tienes FE en que aprobarás y el trabajo hecho. Si entras en su campo de energía negativa, lo que conseguirán es ponerte más nervioso, **debes aislarte en un rincón sin intentar hablar con nadie hasta que te llegue el momento de entrar.**

4— Si hay más de una prueba por día, cuando termine el primer examen **NO comentes las respuestas con nadie** porque empezarás a comparar y puede que elijas al compañero equivocado, y, aunque tengas buenas referencias de él, puede que haya realizado un examen peor que tú y lo único que consiga es inundarte de más dudas que solo te servirán para entrar en la negatividad y que cuando vayas al siguiente examen estés derrotado.

Y así con los sucesivos exámenes.

Debes verte como el número uno, aunque las posibilidades sean mínimas.

5— **Música para concentrarte.** Para evitar interactuar con los demás esta es una buena opción.

Si te fijas es una táctica que llevan a cabo todos los deportistas de élite, los jugadores de fútbol cuando llegan al estadio el día del partido, los jugadores de baloncesto, los pilotos de motociclismo y Fórmula 1, los nadadores, etc., minutos antes de empezar la prueba.

Te recomiendo una música calmada que te ayude a concentrarte.

Otra opción pueden ser los tonos isocrónicos (ondas Gamma, Alpha y Beta), que aumentan la concentración y el poder cerebral. Prueba con ante-

lación en tus sesiones de estudio para ver si te funcionan.

Esta técnica te permite:

- Estar concentrado.

- Potenciar tus sentimientos.

- Potenciar la productividad.

- Motivarte poniendo la vista en el objetivo y así lograr abstraerte de la presión del ambiente.

NUMEROSOS ESTUDIOS AFIRMAN LOS EFECTOS POSITIVOS DE LA MÚSICA PARA MANEJAR EL ESTRÉS.

Y un ejemplo de ello es uno reciente, del 15 julio de 2019, realizado por Witte M. y colaboradores.

<u>Efectos de las intervenciones musicales en los resultados relacionados con el estrés: una revisión sistemática y dos metanálisis.</u>

Resumen:

Las intervenciones musicales se utilizan para reducir el estrés en una variedad de entornos debido a los ***efectos positivos de la música al ser escuchada, <u>tanto para la activación fisiológica</u>*** (p. ej., <u>frecuencia cardíaca, presión arterial y niveles hormonales)</u> ***<u>como para las experiencias de estrés psicológico</u>*** (p. ej., <u>inquietud, ansiedad y nerviosismo)</u>.

Para resumir, el creciente cuerpo de investigación empírica ha realizado dos metanálisis multinivel de

104 ECA (Ensayos Controlados Aleatorizados) con 327 tamaños de efecto y 9,617 participantes para evaluar la intensidad de los efectos de las intervenciones musicales en los resultados relacionados con el **estrés fisiológico y psicológico** y para poner a prueba los **posibles moderadores de los efectos de intervención**.

> Los resultados mostraron que la música y las intervenciones tuvieron un **efecto general significativo sobre la reducción del estrés en los resultados, tanto fisiológicos** (d = .380) como psicológicos (d = .545).

Aquí tienes un ejemplo de cómo la música "amansa a la fiera que llevas dentro".

6— No hagas variación de la alimentación ese día:

Te podrá parecer una tontería, pero no lo es, algún alimento nuevo que no hayas tomado con anterioridad puede hacerte pasar un mal rato.

Hacer una prueba el día del examen no suele funcionar bien. Esto también sirve para los estimulantes, como el café, la cafeína o las bebidas energéticas, si no estás acostumbrado a ellos pueden complicarte el examen.

7— Necesitas descansar:

Por nada del mundo te pases la noche de antes sin dormir, piensa que lo que no hayas hecho con anterioridad no lo aprenderás el día antes. El cerebro consume un 20 % de la energía y el día del examen necesitas claridad mental, así que pasar la noche sin dormir solo aumentará tu nivel de estrés y ansiedad.

Según la evidencia científica más reciente necesitamos dormir alrededor de siete horas.

Estamos adaptados a rendir mejor de acuerdo a los ciclos circadianos, pero, ¿qué son estos ciclos?

Son relojes biológicos internos que se coordinan entre sí para mantener la salud, pero que se modulan con factores externos como la luz del sol, la oscuridad y la temperatura.

Despertamos con el amanecer, con las primeras horas de luz. Hay una serie de hormonas predominantes, como son la testosterona, el cortisol (hormona antiestrés), la hormona de crecimiento, la adrenalina y la noradrenalina, que nos proporcionan energía y nos hacen saltar de la cama. Esta conjugación de hormonas nos invita a la acción.

Por el contrario, cuando llega la noche nuestro sistema activa las hormonas contrarias, como es la melatonina, que es la hormona inductora del sueño y se activa con la oscuridad.

Pero, ¿por qué nos cuesta conciliar el sueño? El gran problema de hoy en día se debe a la tecnología, concretamente a los focos de luz azul (pantallas móviles, televisión y ordenadores). Esta luz está indicando a nuestro cerebro que es de día, por lo tanto, sin darnos cuenta estamos inhibiendo la melatonina en más de un 30 %, (hormona del sueño), y nos mantenemos despiertos.

Mi recomendación es que dos horas antes de dormir te alejes de estos dispositivos.

Esta inhibición y los bajos niveles de sueño se relacionan con el bajo rendimiento académico.

Si te cuesta dormir, elige una lectura en forma de papel y con una luz más amarilla, ya que esta no inhibe la melatonina.

¿Qué puede interferir con nuestro sueño?

Necesitas reducir la temperatura del cerebro para conciliar el sueño.

El cuerpo desciende la temperatura cerebral a través de manos y pies, una habitación con una temperatura elevada te dificultará el sueño.

¿Te ha pasado alguna vez que si tienes los pies y las manos heladas no te duermes?

Esto se debe a que se produce una vasoconstricción (se oprimen los vasos sanguíneos) de manos y pies y, por lo tanto, te impide ese descenso de la temperatura cerebral y te dificulta dormir.

Cuando esto ocurra, utiliza calcetines o guantes, en el momento que se dilaten esos vasos sanguíneos y aumente la circulación de la sangre te dormirás rápidamente.

Intentar suprimir un deseo, por el contrario, lo aumentará...

Si piensas en dormir, seguirás despierto.

¿A que te ha pasado infinidad de veces?

En julio de 1987, el investigador WEGNER D. M. y colaboradores publicaron un estudio en *La revista de personalidad y psicología social*, publicada por la Asociación Americana de Psicología, mostrando tal resultado.

Efectos paradójicos de la supresión del pensamiento.

Resumen:

En un primer experimento, se pidió a los sujetos que verbalizaran la corriente de conciencia durante un periodo de cinco minutos, que trataran de **no pensar en un oso blanco**, sino de tocar una campana en caso de que lo hicieran. Según lo indicado, tanto por las menciones como por los timbres, **no pudieron suprimir el pensamiento como se les indicó.**

Después de indicarles que ***NO PENSARAN*** en el oso blanco durante cinco minutos, estos sujetos *mostraron significativamente más signos de pensamiento sobre el oso **que los sujetos a los que se les pidió que pensaran en un oso blanco DESDE EL PRINCIPIO**.*

Estas observaciones sugieren que el intento de suprimir el pensamiento tiene efectos paradójicos, como una estrategia de autocontrol, tal vez incluso ***produciendo la obsesión o la preocupación misma contra la que se dirige***.

8— Sistema Digestivo:

El día del examen puede que tu sistema digestivo no se encuentre en perfectas condiciones y no sepas por qué.

La diarrea psicógena (nerviosa, neurótica, funcional, corticovisceral):

Es una aceleración del acto de defecación con la liberación de una materia fecal suelta asociada con la evacuación acelerada de los contenidos intestinales.

En situaciones estresantes, las heces inestables y la diarrea emocional (enfermedad del oso) son síntomas bien conocidos que padecen las personas con labilidad psicovegetativa.

La diarrea emocional es un rechazo que siente la persona. *Sentir miedo de no tener algo o de no hacer lo suficiente, o de hacerlo mal o de hacer demasiado, es algo que nos puede ocurrir ese día.*

Tu sensibilidad emotiva está trastornada. Por ello, **tiendes a rechazar rápidamente una situación que la confronta con sus miedos, en lugar de experimentarlos.**

9— ¿Qué debes hacer si te bloqueas en una pregunta?

Es importante que nada más entregarte el examen eches un vistazo rápido y llegues al final, generalmente hay preguntas más fáciles al final de este, es una técnica muy utilizada en oposiciones y cualquier proceso selectivo, pero si te bloqueas ten en cuenta lo siguiente:

Intentar eliminar ese bloqueo no pensando en él te va a poner más nervioso y te llevará a un bloqueo mayor, si ocurre pasa a otra pregunta directamente y así sucesivamente, es una técnica de distracción que funciona.

En junio de 2009 se publicó un estudio en la revista científica *Investigación del comportamiento y terapia de California.*

Manejo de pensamientos intrusivos no deseados en el trastorno obsesivo-compulsivo: efectividad relativa de la supresión, distracción enfocada y aceptación.

NAJMI S. y colaboradores.

Resumen:

La supresión es una de varias técnicas de control mental que las personas pueden usar para manejar pensamientos no deseados.

La evidencia sugiere que, en el mejor de los casos, es **insostenible y, en el peor, contraproducente.**

Esto conduce a la siguiente pregunta: si la supresión es una forma inútil de responder a pensamientos no deseados e intrusivos, **¿cuál es una alternativa más efectiva?**

En el estudio actual evaluamos la efectividad relativa de la supresión y dos técnicas alternativas de control mental:

-**_La distracción y la aceptación_** centradas en la frecuencia de las intrusiones y la angustia asociadas con ellas.

Los resultados respaldan la afirmación de que **la supresión es una técnica contraproducente** para tratar los pensamientos no deseados e intrusivos en el TOC.

Sin embargo, la nocividad de la supresión se reflejó principalmente en la magnitud de la angustia y no en la frecuencia de intrusión. De este modo, **aumentó la intensidad de la angustia, pero no la repetición de episodios angustiosos.**

La **_distracción enfocada y la aceptación_** fueron las **técnicas más efectivas para manejar pensamientos intrusivos clínicamente significativos.** Discutimos las implicaciones para el tratamiento cognitivo para el TOC (Trastorno Obsesivo Compulsivo).

Si te bloqueas, no te detengas demasiado tiempo en el problema, sigue avanzando hacia otras preguntas y acéptalo como algo normal, piensa que estás en un proceso selectivo.

"A medida que empezamos a soltar todos estos miedos, a cancelar los sistemas de creencias y a reafirmar que nuestro verdadero Ser es infinito y no está sujeto a limitaciones, nos acercamos a un estado de mayor salud, bienestar y energía vital".

DAVID R. HAWKINS

Vamos a por el siguiente nivel...

SEGUNDO GRAN DESAFÍO
LAS PRUEBAS FÍSICAS

"Cuando eres joven, solo piensas en divertirte, no te preocupas de lo que te deparará el futuro. Pero después de un tiempo compitiendo ves lo que puedes conseguir. Esto es lo que hago para vivir, así que debo concentrarme en lo que quiero".

USAIN BOLT

Amado lector, ya hemos superado la temida fase teórica y vienen las pruebas físicas, que, al igual que las teóricas, debes superar. Como dice este gran atleta **<u>debes concentrarte en lo que quieres si quieres vivir de ello</u>.**

Pero para eso tienes que hacerlo con la máxima intensidad, ya que de ello dependerá que al final del proceso la nota media suba o no y puedas disponer de mejor destino. En definitiva, aunque es una competición entre todos los opositores, tu principal rival se encuentra frente a tu espejo.

Tienes que aprovechar todas las oportunidades. Si eres buen estudiante, perfecto, serás de los primeros, pero, de lo contrario, aquí tienes una oportunidad de oro para equilibrar la balanza.

Pero, ¿cuál es uno de los problemas que he visto repetido miles de veces?

La gran mayoría de opositores no tenéis conocimientos de nutrición, de entrenamiento, y todo ello está relacionado con la fisiología.

A día de hoy siguen mitos implantados en la sociedad que, lejos de beneficiar, te perjudican, y las pruebas físicas no solo consisten en entrenar.

En las academias se centran en preparar únicamente el entrenamiento, dejando de lado la nutrición.

Pero es un triángulo equilátero. Recuerda que tiene tres lados iguales y son igual de importantes: NUTRICIÓN, ENTRENAMIENTO Y DESCANSO.

Los opositores no quieren invertir en un profesional que les dé el empujón que le falta, y es que entiendo que al final el coste económico de todo el proceso se puede hacer cuesta arriba, al final todo suma.

Con unos cuantos consejos puedes maximizar tu forma física de forma eficiente y con esto evitar el aspecto más importante de esta fase de la oposición: **lesionarte en el intento.** Este es el error más común que suele ocurrir y con esto apelar a la heroica, que, aunque déjame decirte que he visto auténticas barbaridades el día del examen, no suele ser la norma.

La historia está repleta de casos sobrenaturales en los que el ser humano ha desplegado una capacidad de fuerza sobrehumana, en condiciones de estrés "nos convertimos en superhéroes", aunque no suelen ser casos habituales.

En estos casos en los que puede estar un familiar en peligro y el poder de la mente se vuelve casi infinito, tu cerebro empieza a segregar una gran cantidad de la **hormona adrenalina,** dotándote en esos instantes de peligro de una "fuerza milagrosa" y de una velocidad de reacción nunca antes experimentada, demostrando que no hay nada que pudiese detenerte.

Alec Kornacki, de cincuenta y dos años de edad, se encontraba bajo su vehículo, un BMW 525i, en una localidad de Virginia (EE. UU.) haciendo algunas reparaciones, cuando, de repente, el soporte que sostenía al vehículo cedió, permitiendo que este cayera con todo su peso sobre el pecho de Alec.

Por suerte, Lauren Kornacki, su hija, de veintidós años de edad, se percató del incidente y acudió al rescate. Lauren logró una asombrosa hazaña de fuerza al levantar y mover el coche que aplastaba a su padre, dejándolo libre del peso. "Él no estaba respirando, su corazón no latía", dijo Lauren. Gracias a su entrenamiento como salvavidas, Lauren pudo realizarle los primeros auxilios mientras esperaban la ambulancia, tras los cuales su padre reaccionó.

La comunidad médica la denomina ***hysterical strength, fuerza histérica.***

La comunidad científica no tiene claro lo que podría haber detrás de esos episodios. Y es que, cuando ocurren este tipo de situaciones de vida o muerte, no se puede medir de forma rigurosa y, por lo tanto, obtener resultados objetivos.

Según Robert Girandola, profesor adjunto de kinesiología de la Universidad del Sur de California (EE. UU.), es una fuerza que **"claramente tenemos dentro"** y que "no es causada por una especie de fuerza sobrenatural".

El cuerpo habitualmente no usa toda su capacidad muscular. Entonces, ¿por qué habitualmente no somos capaces de hacerlo?

De nuevo se repite la historia**...**

"Estamos limitados por un sistema de creencias".

Somos más fuertes de lo que pensamos, nuestro cerebro está acostumbrado a usar menos de la capacidad muscular que posee, incluso atletas de élite con entrenamiento llegan al 80 % de su fuerza máxima, y esto se debe a la eficiencia del cuerpo humano, que nos protege de las lesiones.

Antiguamente los investigadores atribuían la fatiga muscular únicamente a la fatiga muscular, pero en los últimos trabajos realizados por Timothy Noakes, profesor emérito de Ciencias del Ejercicio y Medicina del Deporte de la Universidad de Ciudad del Cabo, se ha comprobado que hay un componente cerebral que nos dice cuándo parar, **nuestro cerebro es el responsable.**

La motivación tiene un componente fundamental en este sentido, ya que, en situaciones de riesgo vital, nuestra o de un ser querido, aumenta drásticamente.

El entrenamiento constante cerca del umbral del dolor hace que aumentemos la tolerancia al mismo y, por lo tanto, nos capacita cada vez más para realizar dicha acción.

Relación entre dolor y fuerza

El efecto de las drogas desgraciadamente es algo muy común en nuestro trabajo.

Te vas a encontrar situaciones en las que tengas que intervenir con personas que están bajo los efectos de las drogas, y el problema es cuando estas drogas son estimulantes, como la cocaína, las anfetaminas, el *speed*, etc.

Estas personas muestran un aumento de la tolerancia al dolor y, sobre todo, una fuerza fuera de lo normal. Aunque su peso y masa muscular no sean aparentemente considerables, despliegan una fuerza que hace necesaria la intervención incluso de dos o tres personas, y a veces hasta más, para reducirlas.

No las subestimes nunca por su tamaño, si no te llevarás una sorpresa desagradable.

Y para concluir, nunca sabemos cómo vamos a reaccionar ante este tipo de situaciones, **puede ser que hagamos un esfuerzo "sobrehumano" o puede ser que entremos en estado de *shock* y nos paralicemos.**

A pesar de que existen casos de fuerza sobrenatural, del mismo modo que en el examen teórico no dejamos nada al azar, aquí tampoco, y tenemos que llegar en la mejor condición posible.

Los aspirantes creen que va a suceder el milagro sin ir preparados y se encuentran de frente con la cruda realidad: que son incapaces de superar las pruebas y, con ello, la frustración y la sensación de que no lo han dado todo o no han hecho las cosas correctamente y han perdido la oportunidad de su vida.

Por lo tanto, no dejemos nada al azar y vamos a llegar al examen con garantías.

¿QUIERES SABER CÓMO?

MEJORA TU COMPOSICIÓN CORPORAL

"Los obstáculos no tienen que frenarte. Si te encuentras con una pared no das la vuelta y abandonas. Encuentras la manera de subir a ella, pasar a través de ella o rodearla".

MICHAEL JORDAN

**Cada persona tiene unas particularidades distintas y es imposible que un mismo protocolo funcione para todo el mundo. Por ello, si quieres obtener el máximo beneficio no dudes en ponerte en manos de un profesional para individualizar tu progreso.

Espero que puedas sacar el máximo partido a este apartado del libro para poder superar el examen físico. Te recomiendo encarecidamente que obtengas toda la información específica que hay en *CREA TU FORMA*, dedicada íntegramente al mundo de la nutrición, y en *TU PROPIO CAMINO,* centrada mayormente en realizar una transformación de la mentalidad.

En ambos volúmenes tienes decenas de secretos y ejemplos prácticos que te convertirán en la persona capaz de lograr lo que andas buscando.

Vamos a entrar en materia, acompáñame...

Para ayudarte a conseguir tus objetivos debemos superar todos los obstáculos sea como sea, y esos kilos que te sobran pueden marcar la diferencia.

Vamos a centrarnos en la **"pérdida de grasa"** y en aumentar la masa muscular (aunque *a priori* es más difícil que se den estos dos fenómenos simultáneamente).

No es lo mismo "perder peso" que perder grasa, y aunque en un principio puede ser igual porque el objetivo es descender los números en la báscula, hay que hacer una distinción clara.

Perder peso puede beneficiarte y es lo que buscas, pero no todo vale, es decir, tienes que perder grasa y conservar o aumentar la masa muscular porque, de lo contrario, perderás fuerza, potencia y, por tanto, tu rendimiento se puede ver afectado.

Para eso necesitas prepararte con suficiente antelación para evitar que te "pille el toro".

Es muy común recurrir a protocolos mágicos que te prometen resultados en pocos días, pero es aconsejable huir de estas prácticas, no hay atajos que sustituyan al trabajo duro.

DIETAS MILAGRO/DIETAS DÉTOX

Es entonces cuando, gracias al auge que tienen hoy en día las redes sociales, gran cantidad de "gurús" no dejan pasar la oportunidad para venderte su pócima mágica para tener un "cuerpo diez" en siete o catorce días, que son los llamados "retos" o "dietas milagro".

Aprovechándose de la desesperación de las personas, te aseguran el cuerpo deseado en un tiempo récord y prácticamente sin esfuerzo, en algunos casos incluso utilizando imágenes de gancho o bien retocadas o falseando la verdad, cuando la mayoría de estas personas toman sustancias químicas mostrando cuerpos de fantasía y con esto atrayendo al cliente.

¿A quién no le gusta tener el Six Pack sin esfuerzo?

Es un denominador común en el mundo de la nutrición que las personas recurran a las famosas dietas milagro, el ser humano es vago por naturaleza.

¿Crees que funcionan las dietas milagro? ¿En qué se basan?

Siento desilusionarte, pero no hay nada que gane la batalla a una buena planificación, constancia y trabajo duro, y todo eso unido a conocimientos basados en la práctica y la evidencia científica.

A lo largo de este capítulo te iré derribando mitos y exponiendo ciertos conceptos.

Básicamente el mecanismo de estas dietas es el siguiente:

Consisten en realizar una alimentación muy baja de energía, alrededor de 800 kcal, o a base de batidos "milagrosos".

Limitan drásticamente la ingesta de comida y del macronutriente ***hidrato de carbono de tu vida diaria,*** como, por ejemplo, cereales, pan, tubérculos, arroces, pastas, legumbres, etc., y lo sustituyen en su mayoría por vegetales. La proteína en la mayoría de casos no llega ni al mínimo y las grasas brillan por su ausencia.

Con esto se consigue una rápida pérdida de peso debido al descenso brusco de los depósitos de glucógeno muscular y la pérdida de agua, ya que el 75 % del músculo está formado por agua, y el resto de componentes del músculo está formado por proteína y compuestos nitrogenados.

Así, se refleja en la báscula ese descenso rápido, creyendo el cliente que después de muchos intentos por fin ha conseguido lo que buscaba en tan solo dos o tres días, lográndose así una gran motivación que llegará a su fin con el efecto yoyo o efecto rebote cuando vuelvan a introducir estos alimentos y recuperen esa agua perdida, recobrando el peso e incluso aumentándolo con respecto al que tenían antes.

CUALQUIER COSA IMPORTANTE
REQUERIRÁ ESFUERZO.

En caso de seguir manteniendo este enfoque, recuerda que tienes que pasar unas pruebas de resistencia y de fuerza. Si pierdes peso a costa de perder masa muscular, el rendimiento muscular caerá y tus entrenamientos comenzarán a ser improductivos, y con esto pondrás en peligro tu objetivo.

Puede que en la misma dieta se oferte una lista interminable de productos milagrosos para la pérdida de peso, compuestos en su mayoría a base de sustancias que ayudan a la eliminación de líquido y pérdida de grasa con un beneficio prácticamente insignificante o nulo.

Estos productos tienen en su gran mayoría precios desorbitados para afianzar la supuesta magia del producto y así darle credibilidad, consiguiendo embaucar al cliente, y unido todo ello a una fuerte campaña de *marketing* en la que no dudan incluso de patrocinar a grandes deportistas.

La mayoría de estos productos carecen de evidencia científica, aléjate de ellos y te lo agradecerán tu salud y tu bolsillo.

Solo hay unos cuantos que funcionan y que pueden beneficiarte para aumentar tu rendimiento y que los incluiré más adelante en la sección de suplementación.

Dietas DÉTOX: Otro sistema de ventas suelen ser estas dietas, las "détox". Nos pasamos el fin de semana bebiendo alcohol y creemos que por realizar una dieta a base de batidos verdes vamos a depurar nuestro cuerpo.

Como siempre, buscamos el placer a corto plazo, nos atiborramos a alcohol y también queremos rápidamente eliminarlo sin esfuerzo.

LO REALMENTE DÉTOX ES EL EJERCICIO FÍSICO.

En un estudio realizado se mostró que el **ejercicio físico** durante tres meses en ratones aumentó la capacidad fagocítica (capacidad de engullir microorganismos) de las células del hígado, _**aumentando el aclaramiento (depuración) de las endotoxinas y disminuyendo la respuesta inflamatoria de las endotoxinas**_.

En el mismo entrenamiento físico **aumentó la hormona DHEA** (Dehidroepiandrosterona) en comparación con el grupo que no realizó el entrenamiento, **aumentando la capacidad de las células de depurar la endotoxina que previamente habían inyectado los investigadores.**

Por lo tanto, EL ENTRENAMIENTO FÍSICO modula la depuración de endotoxinas en _asociación_ con la producción de la hormona DHEA (Dehidroepiandrosterona), mejorando la salud.

¿Funciona beber un vaso de agua con limón?

AGUA CON LIMÓN

En consonancia con las dietas détox, está muy extendida una tendencia a consumir un vaso de agua con limón exprimido recién levantarse con la creencia popular de que tiene beneficios casi milagrosos, pero no tiene ninguna base científica, lejos de hidratarte por las mañanas.

El cuerpo tiene sus propios sistemas de detoxificación, como vimos anteriormente, así que no te obsesiones por buscar el remedio, céntrate en no introducir tóxicos a tu organismo. Pero si este "preparado" te ayuda a calmar el hambre y te sientes bien sigue con el hábito, recuerda el efecto placebo, si tú crees que funciona, así será.

Antes de seguir debes hacerte esta pregunta: "¿Qué es lo que estoy introduciendo en mi organismo?".

PRIMER PASO: NUTRE TU CUERPO

Antes de saber si es necesario contar calorías o no y liarnos con las matemáticas, debes tener claro que para mejorar tu estética primero debes mejorar la salud, es decir, trabajar de dentro hacia fuera. Si logras tener buena salud, la mejora de la estética será un efecto secundario.

Si, por el contrario, intentas hacerlo al revés, aunque puedas mejorar a corto plazo, a largo plazo aumentarás tus problemas, perderás rendimiento y, con ello, la salud.

Pasos sencillos que te expondré a continuación sin necesidad de perder la cabeza en el intento:

1- MINIMIZA LOS PRODUCTOS ULTRAPROCESADOS:

La industria alimentaria es uno de los grandes gigantes de la sociedad, tiene capacidad de influencia sobre nosotros e invierte cantidad de millones en publicidad diariamente bombardeándonos a todas horas en televisión, radio y por la calle con todo tipo de mensajes que incitan a su consumo.

Numerosos profesionales del sector muy bien pagados, como químicos, son los encargados de diseñar estos productos hiperpalatables para agradar al paladar del consumidor, siendo difícil resistirse a su consumo.

Estos productos están compuestos de una pésima materia prima, como azúcares, harinas refinadas y aceites hidrogenados en su mayoría, y se caracterizan porque:

1- Contienen una alta **densidad energética**, aportando bastantes calorías por porción. Dificultan la saciedad y estimulan la ingesta.

2- Son de escasa o nula **densidad nutricional.** Este término se refiere a la poca cantidad de vitaminas, minerales y proteínas que contiene el producto.

¿Cómo limitar estos productos?

Una de las primeras estrategias que se usan para tratar la obesidad es que el obeso debe salir del ambiente obesogénico y no depender de sí mismo para evitar consumir estos productos.

Es una tarea casi imposible porque podemos acceder a este tipo de productos con relativa facilidad, basta con bajar a la panadería de la puerta de casa y comprar un bollo.

En un mundo ideal el consumo se reduciría si tuviésemos que escalar una montaña para obtener estos productos, pues el coste por obtener este producto sería mayor que el beneficio.

Minimiza la ingesta de estos productos:

- Intenta comprar en mercados, ya que será más difícil el acceso a estos productos. Por el contrario, evita en la medida de lo posible los grandes almacenes, y si no puedes trata de no pasar por los pasillos donde se encuentran estos productos.

- No consumas estos alimentos en casa, intenta dejarlos para cuando salgas fuera.

- Si no has podido evitar comprarlos guárdalos en un lugar de difícil acceso.

- Sírvete una porción, no comas directamente del producto, ya que una vez que empieces será difícil que pares hasta que lo acabes.

2- CÉNTRATE EN COMIDA REAL:

La tendencia actual de la dietética está inclinándose al consumo de comida real, algo lógico, por lo que debe ser la mayor parte de tu alimentación.

Tampoco es bueno convertirlo en una obsesión y demonizar todo producto porque no se consuma directamente de la naturaleza, ya que esto puede generar un trastorno alimenticio (ortorexia), pero afortunadamente son menos los casos. En el término medio está la virtud.

Ortorexia: La **ortorexia** es un trastorno de la conducta alimentaria que consiste en la **obsesión por la comida sana**.

Esto te puede llevar a desplazar alimentos saludables y, con ello, crear un déficit de ciertos nutrientes, llegando a producir desnutrición.

Lo que comienza con la búsqueda de una mejor salud restringiendo ciertos tipos de alimentos acaba en obsesión, llegando a producir ansiedad o depresión e incluso aislamiento social debido a esa obsesión por controlar tu peso a todas horas para evitar engordar. Además, estas personas tienen un sentimiento de superioridad respecto a aquellos que no mantienen ese enfoque.

Seguir un enfoque de comida real se basa en alimentar a nuestro organismo con productos directamente obtenidos de la naturaleza, sin procesar, aunque esto no quiere decir que *a priori* los productos procesados sean malos de por sí, luego verás las diferencias y los podrás incluir en la dieta. Esta será la primera línea de actuación.

Es tan fácil como llegar al supermercado y que la mayoría de los productos de la cesta de la compra se puedan llevar directamente de la naturaleza, ¿imaginas a un árbol dándote una lata de cola? Pues la respuesta es que no, así que ya sabes qué debes hacer.

Pero no todos los procesados de la industria de los alimentos empeoran tu salud, tienes que **utilizar los avances a tu favor para poder incluir algunos de ellos** y añadir variedad en tu alimentación.

Un ejemplo claro es el consumo de **leche.**

Ingerir la leche directamente de la vaca no es lo más recomendable.

Ciertos procesos, como someterla a altas temperaturas, ayudarán a su mejor conservación y eliminación de bacterias, y, además, evitarán que alguna bacteria pueda perjudicarnos y contraer enfermedades, como puede ser la salmonelosis.

¿Qué puede pasar al evitar alimentos?

Un enfoque restrictivo durante mucho tiempo puede contribuir a perder enzimas digestivas, y cuando vuelvas a exponerte a este tipo de alimentos "no habituales" corres el riesgo de tener problemas digestivos por haber perdido esas enzimas encargadas de lidiar con ese alimento.

Personas que llevaban años sin someter a su cuerpo a la leche han creado **intolerancia a la lactosa.**

Han perdido la enzima llamada <u>lactasa</u>, que es la encargada de asimilar la lactosa de la leche, derivando en problemas digestivos.

Ocurre también con el paso de la edad, conforme envejecemos vamos perdiendo la **lactasa.**

Después de todo lo anterior te estás preguntando: "¿Y no puedo comer nunca nada ultraprocesado?".

Productos como la bollería y sus derivados no son nada recomendables, y no hay que alentar a la población al consumo, todo depende del contexto y de la situación del consumidor, pero cuando nos prohíben algo nos genera más deseo.

Puedes darte un capricho de vez en cuando siempre que estés dentro de un contexto saludable, que realices deporte y seas una persona activa, de este modo no tendrás mayor problema.

Si quieres más información sobre la industria y los ultraprocesados, en el libro *TU PROPIO CAMINO* tienes una ampliación de la respuesta para que puedas saber qué estás introduciendo en tu organismo.

1— Eliminar la creencia de que el enfoque más restrictivo es el más eficiente, ya que es **el error más común**.

FRUTAS Y VERDURAS

El consumo de frutas y verduras te ayudará a mejorar la composición corporal por varios motivos, como el aumento de densidad nutricional, vitaminas, minerales y otros polifenoles, y el aumento del consumo de fibra, que es necesaria para el buen funcionamiento intestinal.

La fibra sirve de alimento para tus bacterias intestinales, produce saciedad, aporta pocas calorías y te podrá permitir comer más cantidad de alimento y sentir mayor saciedad.

No se puede establecer un consumo igual para todos, ya que cada uno tiene un contexto diferente, pero generalmente entre dos y cuatro piezas de fruta diaria es buena elección.

1- **Priorizar fruta entera.**

Esto no quiere decir que en algún momento puntual no puedas tomar zumos, pero no debes centrarte en consumir solo zumos, ya que estarías quitando la fibra que contiene el alimento, eliminas tu saciedad y, sin darte cuenta, estarás introduciendo una mayor cantidad de calorías.

Normalmente es muy fácil que ingieras un zumo hecho a partir de tres naranjas, sin embargo, sería difícil que te comieses tres naranjas enteras.

2- Si decides tomar la fruta líquida, la primera línea de acción sería triturada, ya que ingerirás toda la fibra.

3- Si optas por un zumo, prioriza el casero.

4- La última elección y la menos saludable: el zumo de supermercado. Como ya dije antes, debes limitar los ultraprocesados.

El zumo del supermercado es cierto que por comodidad de transporte y conservación es más cómodo, pero no es lo más óptimo, suelen llevar azúcares añadidos, edulcorantes, antioxidantes, etc.

Actualmente ya disponen algunos supermercados de máquinas que exprimen las naranjas y te llevas el zumo natural *in situ*.

Una vez has limitado los productos ultraprocesados de tu dieta e introducido comida real, ya estarás notando cambios, pero debes ir un paso más allá.

LA CLAVE ES LA "ADHERENCIA"

He ayudado a centenares **de personas en los últimos años a mejorar su composición corporal**, _y una de las claves del éxito a la hora de conseguir el físico que quieres es la ADHERENCIA._

Establecer un protocolo rígido en el que no te puedas permitir de vez en cuando un poco de **flexibilidad** acabará por llevarte al fracaso y al abandono.

Por más estricto que seas y trates de evitarlo, al final es imposible abstraerse del mundo en el que vivimos rodeados de ultraprocesados, y no me imagino a nadie dándose un festín a modo de recompensa a base de brócoli.

Pero cuidado, que si te pasas de cantidad puedes arruinar toda tu semana de trabajo.

Tienes que diferenciar entre un capricho semanal y dos días enteros comiendo ultraprocesados.

Puedes utilizar la regla del **90-10:** 90 % dedicado a cumplir con tus hábitos saludables y el 10 % restante a tu elección.

Entender la diferencia entre los dos conceptos siguientes te puede ayudar a saber si lo estás haciendo correctamente.

Son parecidos, pero con una diferencia temporal y expuestos a diferente interpretación: **MODERACIÓN o EVENTUALIDAD.**

¿Qué es para ti la moderación?

Un término muy común suele ser la moderación, que implica la forma de interpretar de cada sujeto y actuar, y aquí es donde hay que tener cuidado porque moderación para una persona puede ser todos los días beberse una copa de vino y para otra puede ser una vez a la semana.

Sin embargo, prefiero utilizar el enfoque eventual, que es más espaciado en el tiempo y no implica repetición constante.

*****Antes de seguir, quiero hacer una aclaración, no es necesario que contabilices tus calorías, ya que por los mecanismos de regulación internos de <u>hambre/saciedad</u> se puede perder grasa. Aplicando los puntos anteriores, basando tu alimentación en comida de calidad, aumentando el consumo de frutas y verduras, legumbres, hortalizas, y el de proteína y grasas de calidad, puedes mejorar.**

Pero contabilizando tus calorías puedes establecer un orden y crear un hábito, a lo largo del libro te he ido explicando LA IMPORTANCIA DE CREAR HÁBITOS.

Además, te ayudará a ser más preciso, saber cuándo estás en un estancamiento, ayudándote a reajustar tus calorías para seguir bajando grasa.

Al poder contabilizar tus calorías, aprenderás qué cantidad de comida estabas ingiriendo inconscientemente, y, por tanto, que detenía tu progreso.

Aunque puede ser al principio algo nuevo para ti, recuerda que solo será una temporada, luego podrás volver a una alimentación normal de cara a mejorar el rendimiento sin necesidad de contabilizarlo todo.

LA PIRÁMIDE NUTRICIONAL

A día de hoy aún se sigue viendo en la base de la pirámide nutricional la pasta, el pan y los cereales, incluyendo en esta misma línea galletas y bollería como fuentes de hidrato de carbono y estableciendo así la mayor parte del consumo de tu dieta (50 o 60 %), a pesar de toda la evidencia disponible sobre que los compuestos de los ultraprocesados (como las grasas trans, el jarabe de maíz, las harinas refinadas, los azúcares, etc.) no son beneficiosos para la salud.

Como verás más adelante, en este plan te he propuesto un enfoque diferente al establecido por la pirámide tradicional, priorizando el consumo de proteínas y grasas y el restante para el consumo de hidratos de carbono.

MICRONUTRIENTES Y MACRONUTRIENTES

"Lo que no se define, no se puede medir. Lo que no se mide, no se puede mejorar".

WILLIAM THOMSON

Micronutrientes: VITAMINAS Y MINERALES

Son sustancias que, introducidas en pequeñas cantidades en el organismo, tienen funciones metabólicas y bioquímicas necesarias para para llevar a cabo el proceso de nutrición. No aportan energía.

Macronutrientes: PROTEÍNA, CARBOHIDRATO Y GRASA

Son nutrientes que aportan energía a nuestro organismo formando la mayor parte de nuestra dieta. Se clasifican en proteínas, carbohidratos y grasas.

PROTEÍNA:

La proteína es un macronutriente de suma importancia que desempeña un papel fundamental para la vida y tiene un componente estructural. Forma los músculos, los tendones y los huesos, pero tiene otras funciones en el organismo.

Además, las proteínas forman parte de las enzimas del sistema de defensa, y por ello es necesario que establezcas unos valores que te ayudarán en tu objetivo.

Cada gramo de proteína contiene 4 kcal.

Según la Organización Mundial de la Salud (OMS), la estimación oficial es de 0,8 gramos por kilo de peso corporal al día para personas sedentarias, es decir, que una persona que pese 100 kilos debería consumir 80 gramos diarios.

Ejemplo 100 kilos x 0,8 gramos= 80 gramos de proteína al día

La evidencia afirma que, para personas deportistas o que quieren tener un mejor perfil lipídico, debe consumirse entre **1,6 gramos hasta 2 por kilo de peso corporal al día o incluso algo más** dependiendo del sujeto, tipo de actividad física, si está en fase de crecimiento muscular o en pérdida de grasa.

Con el mismo ejemplo de antes, una persona que pesa 100 kilos que realiza deporte y busca perder grasa o ganar masa muscular debería consumir entre **160 y 200 gramos** de proteína al día.

Esta es la norma que se aplica a la mayoría, excepto a las personas obesas.

Si eres una persona con sobrepeso u obesidad, tienes que calcular este porcentaje en base a tu peso objetivo que deseas, de lo contrario, estarás consumiendo demasiada proteína.

Ejemplo: si tienes sobrepeso, pesas 120 kilos y tu objetivo es bajar 20, la proteína deberías calcularla sobre esos 100 kilos.

Ejemplo: 100 kilos x 1,6 gramos por kilo de peso = 160 gramos/día.

Aumentar el consumo de proteína es beneficioso porque desplazarás otros alimentos que no debas comer debido a su poder saciante, por lo tanto, es recomendable en la fase de **pérdida de grasa.**

> — *Empieza con la recomendación superior, en torno a los 2 gramos.*

> — *Esta recomendación es válida para hombres y mujeres.*

El cuerpo invierte un 30 % en los procesos de digestión, absorción y asimilación de la proteína, un 10 % el carbohidrato y un 3 % la grasa, con lo cual **estarás quemando más calorías con un consumo alto de proteínas.**

¿De dónde obtener la proteína?

Las fuentes proteicas son los huevos, las carnes rojas y blancas, el pescado blanco y azul, las legumbres, los lácteos, los frutos secos e incluso la suplementación con proteína de suero y otras variedades.

Si eres una persona vegana puedes obtener tus fuentes mayormente de legumbres, soja y guisantes; estas son las fuentes con más cantidad de proteína. La industria de la suplementación avanza a pasos agigantados y ha incluido en este sentido suplementación de proteína aislada de guisante, soja, arroz y cáñamo.

¿Hay riesgo para la salud?

A pesar de que es un mito muy extendido, a día de hoy no hay evidencia científica de que seguir con estas recomendaciones produzca un daño renal, incluso en personas practicantes de culturismo que ingirieren cantidades superiores, llegando a los 3,3 gramos diarios.

Según la evidencia una recomendación de alrededor de 3 gramos diarios tendría sentido en personas delgadas enfocadas en la construcción muscular, para el resto no produciría efectos adicionales.

RESUMEN:

— **Establece un rango de 2 g/kg/día.**

— **SI TIENES SOBREPESO:** calcula sobre tu peso objetivo.

CARBOHIDRATO:

Los carbohidratos se dividen en simples y complejos. Los simples se dividen en monosacáridos, como son la glucosa y la fructosa, y en disacáridos, que son la unión de dos monosacáridos, como el azúcar de mesa, que tiene fructosa y glucosa. Los complejos, por otro lado, están formados por la unión de tres o más moléculas, como son los tubérculos, las legumbres, los cereales, etc.

La diferencia entre ambos es la velocidad de absorción, siendo los carbohidratos complejos liberados más lentamente a la sangre, estableciendo la energía gradualmente.

El límite máximo dependerá de tu porcentaje de grasa corporal, de tu nivel de actividad física y de la facilidad que tengan tus músculos de captar glucosa (sensibilidad a la insulina).

A menor cantidad de grasa corporal y mayor nivel de actividad física necesitarás mayor ingesta.

****El mínimo se sitúa en 1 gramo por kilo de peso corporal al día, NO BAJES DE ESTE RANGO.**

Si eres deportista con buena composición corporal y alto nivel de entrenamiento, puedes ir al rango de 2 a 4 gramos como punto de partida e ir ajustándolo a tus necesidades.

Deportistas de resistencia como ciclistas, *endurance* o triatletas incluso consumen hasta 8 a 10 g/kg/día.

Te recomiendo **mayormente que utilices carbohidratos complejos, como legumbres (lenteja, garbanzos, alubias, guisantes, etc.), tubérculos (patata)** y algunos cereales, como los copos de **avena**.

Introduce verdura en las comidas.

— **Si eres mujer, este enfoque bajo en carbohidratos también te sirve**:

La fisiología femenina tiene diferencias en cuanto al hombre.

La mujer está mayormente adaptada al consumo alto de grasas.

Durante el entrenamiento, fisiológicamente tienen la capacidad de **ahorrar más glucógeno que los**

hombres, por lo tanto, no necesitan ingerir tanto carbohidrato.

He visto infinidad de veces cómo el miedo a las grasas y a engordar ha hecho estragos en las mujeres, llevándolas a consumir una dieta muy baja en calorías (600 a 800 calorías diarias), y no solo eso, sino eliminando por completo las grasas de la dieta con la creencia de que les van a engordar.

Un error común en la mujer en la busca de pérdida de peso es unir factores como:

— Alta tasa de entrenamiento.

— Dietas muy bajas en calorías.

— Eliminar la ingesta las grasas.

La disponibilidad de energía disminuye, **consiguiendo suprimir tu sistema hormonal reproductivo**, produciendo incluso pérdida del ciclo menstrual (amenorrea), el organismo entiende que no es momento de reproducirse.

— Si se mantiene la situación en el tiempo puede llegar a producir lo que se conoce como:

LA TRIADA DE LA DEPORTISTA

Consumo muy bajo de calorías, pérdida del ciclo menstrual y pérdida de mineralización ósea, el tejido óseo empieza a verse afectado negativamente.

Esto puede llevar a un proceso desastroso, conduciendo a la mujer a una osteoporosis temprana.

RESUMEN:

—**DEPORTISTA RESISTENCIA ALTO RENDI-MIENTO:** rango de 6 gramos o superior.

—**NIVEL INTERMEDIO:** rango de 2 a 4 gramos.

—**SOBREPESO:** 2 gramos, pudiendo llegar al mínimo de 1 gramo.

GRASAS:

Después de haber calculado tus necesidades de proteína y carbohidrato, el resto que queda es para la grasa.

Cada gramo de grasa contiene 9 kcal, más del doble que proteínas y carbohidratos.

Las grasas de calidad son beneficiosas para la salud, pues son necesarias para la formación de colesterol, y el colesterol nos ayuda a formar hormonas, entre ellas las sexuales. La membrana celular está formada por colesterol y fosfolípidos, ayudando a mantener lubricada la célula.

Las grasas se dividen en saturadas e insaturadas.

Debes priorizar alimentos como el aguacate, los frutos secos, el aceite oliva virgen extra, el huevo, el pescado graso, las carnes sin procesar, etc.

Las grasas también tienen su ingesta mínima: 0,5 g por kilo de peso corporal. NO DEBES BAJAR DE ESTA CANTIDAD.

BALANCE ENERGÉTICO:

Para seguir aumentando la pérdida de grasa debes saber tu balance energético:

— **Déficit calórico:** Cuando tu gasto energético es mayor que tu ingesta.

— **Normo calórico:** El gasto energético y la ingesta es igual.

— **Superávit calórico:** El gasto energético es menor que la ingesta.

BALANCE ENERGÉTICO NEGATIVO:

Para perder grasa corporal debes estar en **déficit calórico**, es decir, tu ingesta debe ser menor que tu gasto.

Puede ser que estés en un punto de estancamiento, aunque lleves una alimentación saludable a base de comida real.

Si ocurre, seguramente estarás comiendo demasiado para tus requerimientos diarios, y, por lo tanto, no estarás en déficit calórico.

Establece un déficit de alrededor de *500 calorías al día*.

Ejemplo: si tus calorías de mantenimiento son 2.500, para perder grasa tu ingesta debe estar en 2.000 calorías.

El déficit debe proceder de la comida, del ejercicio físico o de la combinación de ambos, **que es lo más óptimo**, ya que una mayor cantidad de ejercicio te permitirá comer más cantidad de comida y te llevará a **un entorno hormonal y metabólico más productivo.**

Si logras un déficit más agresivo para perder más cantidad de peso en menos tiempo puedes comprometer tu masa muscular y el rendimiento en el entrenamiento. Salvo que seas una persona con sobrepeso u obesidad no te lo recomiendo.

¿Qué cantidad de peso debes perder por semana?

Para una pérdida de grasa óptima semanal se establece la pérdida de alrededor de **0,5 % a 1 % de tu peso total**.

En función a esto debes ajustar tu dieta aumentando o disminuyendo comida y/o entrenamiento para situar la pérdida en 400 o 500 gramos.

Si pesas 80 kilos debes perder sobre 400 gramos, equivalente al 0,5%.

Si tienes **sobrepeso** con 80 kilos puedes subir al 1 %, y perderías 800 g semanales aproximadamente.

Si eres una persona con poca grasa, puedes bajar a una pérdida semanal de 250 gramos, ya que un déficit más agresivo comprometería la masa muscular.

Si eres una persona **obesa,** con más cantidad de grasa, nos podemos ir a más de los 800 gramos semanales.

¿Cómo calcular la ingesta de calorías diarias?

Hay una serie de aplicaciones, como MyFitnessPal o MyMacros, las cuales, introduciendo todos los alimentos que ingieres, te ayudarán a contabilizar tus calorías, los macronutrientes y los micronutrientes.

Cómo pesar los alimentos:

El peso de los alimentos hazlo siempre en las mismas condiciones, es decir, en **crudo,** al someterlos al proceso de cocinado variarán su peso inicial.

Quizás perderán agua, como es el caso de las carnes o pescados, o bien ganarán, como pueden ser los arroces, las pastas, las legumbres, etc., y en cada cocinado te pueden dar unos valores distintos, unas veces absorberán más agua y otras menos, dependiendo el tiempo de cocción.

Compra una balanza digital, son más precisas, igualmente a la hora de controlarte el peso corporal es más precisa una báscula digital.

PLAN PARA PÉRDIDA DE GRASA

En este apartado me baso en lo que a la gran mayoría de personas, según mi experiencia, les ha funcionado para quitarse esos kilos de más. <u>Por ahora buscamos quitar el lastre que te sobra</u>.

***Una vez tengas mejor composición corporal, el objetivo es aumentar el rendimiento, y para ello la estrategia debe ser completamente diferente, es decir, introducir una mayor cantidad de calorías, pasar de un déficit calórico a calorías de mantenimiento e incluso a un superávit.

Para ello puedes aumentar el consumo de hidratos de carbono para poder afrontar los entrenamientos de carrera y las pruebas físicas de manera óptima.

Entiende que es imposible establecer un plan perfecto y que sirva para todos los casos, porque rige el principio de individualidad.

Cada persona tiene unas preferencias distintas en cuanto a la elección de la comida, unos prefieren más carbohidratos y otros más grasa. Lo mismo ocurre con el nivel de entrenamiento (principiante, intermedio, avanzado), el ritmo de vida (trabajo activo o sedentario), el nivel de descanso, la calidad del sueño y el estrés, y así múltiples variables para tener un plan perfecto.

PLAN LOW-CARB

1- Una dieta Low-carb es baja en carbohidratos y alta en grasa. El consumo de carbohidrato ronda los 150 gramos netos diarios como máximo.

Pero, según la evidencia, algún investigador tiene la referencia en 200 gramos diarios, aunque son una minoría.

2- La cantidad diaria de proteína debe mantenerse alta en cualquier enfoque dietético de pérdida de grasa y aumento de masa muscular, en torno a 1,6 a 2,3 g/kg/día.

3- Estima tu ingesta de grasa al 40 % o superior del total calórico.

4- Diet Break cada 8 semanas de dieta con una duración de una semana. Eleva tus calorías al nivel de mantenimiento, una media de 400 diarias, y reduce el ejercicio cardiovascular a la mitad.

Esto produce un beneficio a nivel psicológico y a nivel fisiológico se postula si podría mejorar o no el metabolismo, aunque en la práctica siempre he tenido buenos resultados.

5- Realiza la frecuencia de comidas que mejor se adapte a ti, siendo algo más beneficioso para perder grasa menos comidas, pero más copiosas.

Puedes utilizar esta frecuencia con la técnica del ayuno intermitente, como te expliqué detalladamente en la primera parte de la trilogía, CREA TU FORMA.

SUPLEMENTOS PARA PÉRDIDA DE GRASA

En este libro solo hablaré de dos de los básicos, ya que los demás los tienes en la primera y la segunda parte de la trilogía.

Los hermanos WEIDER se encargaron de crear el negocio de la suplementación. Cuando todos los culturistas de la era de Arnold Schwarzenegger, Franco Columbu, etc., tomaban una gran cantidad de leche diaria como fuente proteica, se empezó a demonizar alegando que la leche podría no ser tan beneficiosa, instaurando el mito de que engordaba la piel, con la consiguiente pérdida de esa definición a la hora de mostrar su trabajo en el escenario, etc.

Sin embargo, su producto estrella y el de todas las casas de suplementos deportivos a día de hoy es la proteína de suero leche o WHEY PROTEIN, **¡qué incongruencia!**

Cientos de productos con supuestos beneficios generan en el consumidor una ilusión óptica. Son publicitados en su mayoría por hombres con cuerpos irreales, alimentados a base de sustancias químicas, haciendo creer al consumidor que ese cuerpo ideal es resultado de estos batidos de proteínas.

Sin quitar mérito, es cierto que para conseguir estos físicos también se requiere de la constancia y sacrificio diario durante muchos años, pero son tamaños imposibles de conseguir de forma natural.

Productos *TOP* del mercado: cafeína y creatina.

A día de hoy siguen publicándose estudios científicos que avalan sus beneficios, y son utilizados por millones de deportistas en todo el mundo.

Realmente vas a sacarles partido, y no son obligatorios, pero sí te ayudarán para maximizar tu rendimiento.

Además, durante épocas de mucho trabajo, estrés y alta carga de entrenamiento te pueden dar ese empujón adicional.

Ah, y se me olvidaba, estos dos son los más económicos.

CAFEÍNA

La cafeína es un estimulante del sistema nervioso central que produce un efecto temporal, aumenta el nivel de alerta y elimina la somnolencia. Asimismo, hoy en día es una de las ayudas ergogénicas más utilizada entre los deportistas.

Entre los efectos señalados de la cafeína está la movilización de las grasas del tejido adiposo y células musculares, el aumento de la fuerza, los cambios en la percepción del esfuerzo o la fatiga, mejorando así los entrenamientos, el aumento de la dopamina, la estimulación de la liberación de la adrenalina, efectos en el músculo cardiaco y el aumento en el rendimiento cognitivo.

Los protocolos de administración varían dependiendo de la persona, y es importante conocer la tolerancia de cada uno a los estimulantes. Hay sujetos que con dosis bajas experimentan los efectos, sin embargo, otros necesitan hasta triplicar la dosis para obtener los efectos deseados. Esto se denomina sensibilidad a la cafeína, por eso es recomendable siempre empezar a usar dosis más bajas.

Para empezar, un nivel bajo a moderado se sitúa en una ingesta de 50 mg a 200 mg de cafeína.

DOSIS MEDIA:

De 3 a 6 mg de cafeína por kilo de peso corporal.

Un deportista medio alto se sitúa entre los 300 a 500 mg de cafeína, y la forma tradicional de **uso es entre 45 a 60 minutos antes del ejercicio físico.**

Su vida media es de **4 a 9 horas,** por lo tanto, tenlo en cuenta por su posible interferencia con el sueño.

Los estudios demuestran que el consumo crónico produce tolerancia y disminuye la efectividad, por lo tanto, necesitarás más dosis para producir el mismo efecto.

Te recomiendo que hagas una limitación de cafeína durante quince días, pero no es necesario que elimines el café de tu vida, ya que los efectos positivos del café no radican solo en la cafeína, sino que contiene otros polifenoles beneficiosos para la salud, así que simplemente sustitúyelo por descafeinado.

Hoy en día la cafeína es utilizada en un gran abanico de deportes:

de resistencia prolongados, medias maratones, maratones *ironman*, deportes de fuerza, etc.

**En un estudio reciente se comparó el consumo de una bebida energética con un suplemento de cafeína en el rendimiento deportivo bajo la creencia de que las bebidas energéticas aumentaban más el rendimiento que la cafeína.

Como resultado se observó que producen los mismos efectos.

Las bebidas energéticas aumentan el rendimiento debido a la cafeína y no a los demás compuestos que contienen, por lo tanto, ahórrate el dinero en bebidas energéticas y consume café, que es más económico.

CREATINA MONOHIDRATO

La creatina es un compuesto natural que se encuentra en el músculo esquelético como resultado de la ingesta en la dieta (sobre todo, a partir de la carne, el salmón, los lácteos y los huevos) y la síntesis endógena a partir de aminoácidos.

La creatina no es un nutriente esencial, ya que se biosintetiza en el cuerpo humano a partir de tres aminoácidos: arginina, metionina y glicina.

El contenido de creatina de los músculos varía entre los individuos en relación con la edad, el sexo y el tipo de fibras.

A mayor cantidad de masa muscular, mayor cantidad de creatina.

La dieta típica carnívora aporta unos 2 gramos de creatina aproximadamente por día, pero los vegetarianos tienen reservas corporales bajas de la misma, lo que sugiere que la producción endógena no alcanza a compensar la falta de ingesta.

La respuesta a la suplementación con creatina puede relacionarse con las reservas previas, mostrando una mayor respuesta en aquellos individuos con reservas más bajas, y aquí podrían incluirse los vegetarianos. Por lo tanto, individuos que anteriormente mostrasen reservas previas de creatina cercanas al umbral máximo puede que no muestren beneficio adicional con la suplementación.

DESMINTIENDO EL MITO DE LA CALVICIE

La creatina no produce calvicie.

Debido a un estudio de 2009 en el que se afirmaba la relación de la creatina y la calvicie debido a la conversión de testosterona en dihidrotestosterona, empezó a producirse la alarma entre los consumidores.

La enzima 5 Alfa Reductasa es la encargada de producir la conversión de testosterona en DHT (dihidrotestosterona). La DHT es el factor principal para que **se produzca la alopecia**, pero se ha podido comprobar que consumir creatina aumenta la DHT, aunque también se ha demostrado que **no aumenta la testosterona.**

A día de hoy y revisada la evidencia disponible, no hay relación entre los sujetos que presentan calvicie y el consumo de creatina.

Los niveles de DHT de los sujetos que tienen calvicie SON MUY SUPERIORES comparados con los niveles que alcanza esta hormona por consumir creatina para que se produzca alopecia.

PROTOCOLOS DE ADMINISTRACIÓN

FASE DE CARGA y MANTENIMIENTO:

1- Se puede conseguir un aumento rápido con cinco días de dosis repetidas de creatina con 20 gramos diarios (repartidos en cuatro tomas de 5 gramos).

Si optas por realizar esta fase puedes introducir la creatina con las comidas y dos tomas repartidas en el peri-entrenamiento, es decir, una toma antes de entrenar y otra después, ya que algunos estudios indican que ayuda a la posterior reposición de glucógeno más rápidamente.

A continuación de la fase de carga, toma de 3 a 5 gramos diarios de mantenimiento.

Esto podría reportar una ganancia de peso de alrededor de 1.000 gramos, que puede representar una retención de agua.

A día de hoy este protocolo no es necesario, salvo que necesites entrar en una categoría de peso superior en competición por algún tipo de estrategia.

2- Pasa directamente a la fase de mantenimiento y realiza la administración peri-entrenamiento. Aquí hay numerosos estudios en cuanto a cuándo produce mayor rendimiento, y hay varios protocolos: introducir la creatina antes de entrenar, repartir la mitad antes y la otra mitad después, o introducirla toda después.

Según el último estudio publicado a finales de 2018, en el que se comparaba la administración antes o después, concluía que es algo más ventajoso **después del entrenamiento.

Es importante tener en cuenta a la hora de comprar creatina que sea **CREATINA Monohidrato,** ya que hay varias formulaciones disponibles, pero tienen estudios contradictorios, como son la Krealcalina, la Creatina *Ethyl* Ester, la Creatina con magnesio, etc.

Fíjate en la etiqueta que contenga el sello ***CREAPURE***. Este sello te indicará que es de máxima calidad y que está libre de metales pesados. En Europa estos suplementos son sometidos a controles de sanidad más rígidos que los productos que proceden de Estados Unidos.

Está indicada para mujeres y hombres: Uno de los miedos de las consumidoras es el aumento de peso, pero no debes preocuparte si es tu caso, ya que ese aumento es en forma de retención de líquidos, se produce a nivel **intramuscular (tus músculos se verán más redondeados),** y no a nivel subcutáneo, como se cree. Además, si cesas la administración en dos o tres días habrás eliminado ese líquido.

Aumenta el rendimiento físico: Se puede utilizar en periodos de construcción muscular y pérdida de grasa.

La última evidencia parece ser prometedora, mostrando algún beneficio en cuanto a la administración de creatina en el tratamiento de enfermedades neurodegenerativas.

Preferiblemente me decanto por que la utilices en la pérdida de grasa: como consecuencia de ese déficit calórico puede mermar tu rendimiento, y la creatina te puede ayudar a mantener ese nivel de entrenamiento, consiguiendo esas dos o tres repeticiones más.

En una fase de construcción muscular tu ingesta calórica será elevada, por lo tanto, puedes prescindir de ella si no lo consideras oportuno, pero si quieres llevar los entrenamientos a un siguiente nivel no dudes en utilizarla.

En cuanto al tiempo máximo de uso, la evidencia científica afirma su seguridad a largo plazo, no hay efectos secundarios negativos. Personalmente te recomiendo que planifiques su uso a **seis meses** y que, después de la consecución del objetivo, **descanses un mes.**

RESUMEN:

- **Para finalizar, puedes usar estos dos suplementos: la cafeína antes del entrenamiento y la creatina después, y aprovechar los beneficios.**

- **CAFEÍNA: comienza con dosis bajas (por ejemplo, un expreso, que contiene sobre 80 o 100 mg de cafeína), y ve aumentando conforme a tus sensaciones. Los días que no entrenes no es necesario que tomes cafeína.**

- **CREATINA: 3 a 5 gramos al acabar el entrenamiento, los días que no entrenes, al finalizar una comida (TODOS LOS DÍAS).**

- Combina todo lo anterior con entrenamiento de musculación (fuerza) y complementa con ejercicio aeróbico (a media intensidad o HIIT) para aumentar la quema de grasa.

- Después estarás en condiciones de empezar a preparar las pruebas físicas de manera óptima, con un enfoque distinto.

  Recuerda que el objetivo es quitarse unos kilos de más.

RESUMEN FINAL

- Establece las calorías de mantenimiento.

- Crea un déficit calórico sobre 400 o 500 calorías diarias.

- Busca que tu pérdida de peso semanal sea del 0,5 % de tu peso total. A más cantidad de grasa corporal, puedes aumentar la pérdida semanal hasta 1 % de tu peso total.

- Eleva las necesidades de proteína a 2 g/kg/día.

- Carbohidrato 150 gramos diarios.

- Completa el resto con grasas.

- Revisa cada semana fotos, peso, medidas corporales, progreso de entrenamiento.

- Si hay estancamiento (peso y grasa corporal):

  Disminuye de 100 a 200 calorías diarias, derivadas de la grasa o del carbohidrato. Recuerda no llegar a los mínimos de consumo.

- Utiliza recarga semanal y Diet Break cada ocho semanas (En CREA TU FORMA te lo explico)

- Suplementos de cafeína y creatina aumentan rendimiento.

- Recuerda que el objetivo es quitarse unos kilos de más, no es una competición de estética.

  Utiliza el plan para máximo 12 semanas.

ENTRENAMIENTO, PRUEBAS FÍSICAS

DOMINADAS: hombres

El primer paso para poder aumentar la cantidad de dominadas el día del examen ya lo hemos hecho y quizá es el más importante: quitar los kilos de grasa que nos sobran.

Te recomiendo que realices el entrenamiento **dos veces por semana** con una **separación de dos a tres días entre cada entrenamiento.**

El músculo necesita su periodo de **recuperación,** posterior adaptación al estímulo nuevo y supercompensación. Por lo tanto, incrementar la frecuencia de entrenamiento puede ser contraproducente (más no es mejor).

Tienes que saber cuál es tu **punto de partida y a partir de ahí ponerte una meta**, para eso debes realizar un test y saber cuántas dominadas haces.

1- Si eres principiante primero debes hacer las dominadas de forma normal, colocar el agarre a la anchura de los hombros y subir la barbilla por encima de la barra.

—¿Cuál es la forma más rápida de progresar en tus entrenamientos y aumentar el máximo número posible de dominadas?

2- Respondiendo a la pregunta anterior. Es ***obligatorio*** añadir **peso a tu cuerpo** en los entrenamientos, ¿cómo?

—**Incluir lastre:** la forma más eficiente es añadir un cinturón con peso en la zona media a la altura del glúteo, de manera que si acostumbras a entrenar con carga añadida conseguirás aumentar tu fuerza **más rápidamente.**

3- **Evita adelantar los hombros en el tramo final de la dominada:** para eso tienes que activar tus escápulas y hacer una correcta retracción. Adoptarás un ángulo más efectivo, mejorando tus dominadas.

4- **Opción sin lastre:** cuando trabajes sin lastre, aguanta el movimiento excéntrico, es decir, aguanta la bajada. A medida que te vayas haciendo más fuerte añade lastre a la fase excéntrica también.

Realiza cada día de entrenamiento **cuatro series con lastre, trabajando en rangos de fuerza, o sea, de una a cinco repeticiones cada serie durante tres semanas.

La mayor parte de tu entrenamiento será con lastre. En la cuarta semana repite el test para ver los avances.

EJEMPLO. LUNES: cuatro series con lastre; JUEVES: cuatro series con lastre, durante tres semanas.

Semana 4.ª: una serie test de control sin lastre para ver progreso después del entrenamiento.

Y así ir repitiendo el ciclo.

****Importante realizar calentamiento de movilidad articular para hombro, hacia delante y hacia atrás.**

—Suplementos: creatina y cafeína.

SUSPENSIÓN: MUJER

- Te recomiendo que realices el entrenamiento **dos veces por semana** con una **separación de dos a tres días entre cada entrenamiento.**

  EJEMPLO. LUNES: cuatro series; JUEVES: cuatro series, durante tres semanas.

  Semana 4.ª: una serie test de control para ver progreso, después del entrenamiento repetir ciclo.

- Debes **pasar la barbilla lo justo por encima de la barra,** sin subir demasiado, buscar un punto válido.

- Si buscas un punto demasiado elevado por encima de la barra, a medida que generes fatiga irás perdiendo el rango de recorrido.

- Una vez arriba **aguanta la posición lo máximo posible sin moverte.**

- La barra tiene que estar lo más pegada posible a tu cuerpo.

- No estirar ni acortar el movimiento, ya que ese movimiento te va a **generar más fatiga y perderás segundos encima de la barra.**

- Entrenar siempre en el mismo punto y no variar la posición.

- Empieza con tu propio peso, pero al igual que los hombres es necesario que trabajes con lastre a medida que te vayas haciendo más fuerte.

- Suplementos: creatina y cafeína.

CIRCUITO:

Esta prueba requiere **habilidad y mucha práctica.** A pesar de que parece fácil **no lo dejes para el final**, es una prueba igual de importante.

Dedica al final de cada entrenamiento un tiempo para realizarla.

- Los diestros salen por la derecha y los zurdos por la izquierda

- **Las transiciones deben ser rápidas,** y la manera de hacerlo es utilizar pasos largos a modo de **zancada,** de tal forma que en tres zancadas grandes llegues al siguiente tramo. Al hacerlo así ganarás algunas décimas de segundo.

- Acotar bien los postes y pasar por el centro de la barra, tanto al hacerlo por debajo en el primer obstáculo de valla como al saltar por encima los dos siguientes.

- Al saltar las vallas debes tocar lo más rápido posible el pie en el suelo, de manera que si saltas muy alto perderás segundos muy valiosos.

- Visualización: tienes que visualizar el recorrido y tenerlo **mecanizado para no equivocarte.**

  Si tiras alguna barra te dejarán para el final de tu tanda, así que aquí debes aumentar la concentración al máximo, ya que te lo juegas todo a una carta. **Visualízate en el final** como te enseñé al principio del libro. Es fundamental esta técnica, debes verte al final de la prueba.

- Durante el entrenamiento **modifica las medidas de las vallas**, de modo que la valla que pasas por debajo sea de menos altura, y la que vayas a saltar sea de más altura, esto te permitirá ir al examen con algo de ventaja.

- **Practica siempre en el mismo escenario donde realizarás el examen**. No tiene sentido que entrenes en exteriores cuando el circuito el día del examen es en superficie de parqué.

1.000 METROS:

Una parte fundamental, y la base de cualquier entrenamiento, es realizar una buena entrada en calor: **el calentamiento.**

Prepara a tu cuerpo para el entrenamiento y **minimizarás el riesgo de lesión.**

Pero antes de empezar a correr lee atentamente...

ENTRENAMIENTO DE FUERZA EN CORREDORES:

****Un error común es enfocarte únicamente en realizar ejercicios programados para la mejora de la resistencia.**

La evidencia nos habla de los potenciales beneficios de incluir en la planificación semanal el entrenamiento de fuerza.

El entrenamiento aumenta la masa muscular y la funcionalidad.

— Hay varios estudios que demuestran la relación entre el entrenamiento de fuerza y la economía de carrera, teniendo claros beneficios sobre el rendimiento del atleta.

Se debe a la **capacidad de los músculos de las piernas de generar más fuerza y al fortalecimiento del tronco.**

— **¿Cuántos entrenamientos de fuerza realizar por semana?**

— Incluye de una a dos sesiones de trabajo de piernas a la semana.

— *Lo óptimo que se ha propuesto es entrenar en días separados, ya que aumenta más la fuerza que realizar los dos entrenamientos el mismo día.*

Es decir, que haya un periodo de un día de separación entre el entrenamiento de fuerza y el de resistencia aeróbica.

—No es fácil combinar entrenamiento de fuerza y resistencia, ya que realizar los entrenamientos simultáneos o con una separación mínima de tiempo entre ambos puede generar lo que se conoce como **Fenómeno de Interferencia.** Este fenómeno nos habla de que es posible que se produzcan interferencias negativas entre ambos entrenamientos.

—En este sentido existe una modalidad de entrenamiento llamada **ENTRENAMIENTO CONCURRENTE: aunque la evidencia es contradictoria, habiendo estudios a favor y en contra, debes adaptar el entrenamiento a tu vida diaria.**

El estudio de ***Hickson, R. C. (1980)*** *evidenció que el entrenamiento concurrente no mejoraba la capacidad de generar fuerza.*

Sin embargo, hay estudios, como el de ***I. Munekani y T. Ellapen (2015),*** *que señalan que entrenar fuerza y resistencia en una misma sesión mejora el rendimiento de carrera,* y esto se traduce en los siguientes resultados:

—Vas a necesitar un porcentaje menor de fuerza máxima en cada uno de esos gestos técnicos.

—Mejorarás la economía de carrera (gastas menos energía para el mismo movimiento).

—Disminuye el riesgo de lesión.

Recientemente se ha comprobado que para el 95 % de sujetos principiantes e intermedios no tendría repercusión el fenómeno de interferencia, incluso el Entrenamiento Concurrente produciría una sinergia en los dos tipos de entrenamiento, aumentando la síntesis proteica, como indica el estudio de Fyfe et al. (2018).

–¿Qué entrenar antes? ¿Fuerza o resistencia?

Céntrate en el entrenamiento de fuerza en primer lugar.

Parece ser que entrenando la **resistencia primero se aumenta la acumulación de fatiga,** y como consecuencia de esta acumulación se **reduce la capacidad de producir fuerza** en el entrenamiento posterior.

RESUMEN:

1- Realiza las sesiones de fuerza y resistencia en días separados.

2- Si no puedes en días separados, aplica entrenamiento concurrente, primero fuerza y, a continuación, resistencia.

ENTRENAMIENTO DE RESISTENCIA AERÓBICA

En el entrenamiento vas a trabajar todas las técnicas y habilidades necesarias para desarrollar diversas adaptaciones metabólicas y funcionales y así llegar con una buena preparación a los 1.000 metros.

Entrenamiento adaptado de BURKE L.

Debe centrarse en adquirir velocidad, fuerza, técnica y flexibilidad.

1- **_Entrenamiento pliométrico:_** rebotes, saltos o saltos a un pie mejoran las propiedades elásticas del músculo y aumentan la **rigidez.**

   La rigidez mejora la reacción explosiva y tolera mayores cargas de estiramiento.

   ****El entrenamiento pliométrico debes incluirlo dos veces por semana, SIEMPRE en el INICIO del entrenamiento de resistencia aeróbica.**

2- **Entrenamiento de la zona central (lumbar, abdominal) y glúteo:**

   **Incluye: tres series de plancha abdominal, aguantando la posición (de 30 segundos a 1 minuto).

**Trabajo de cadera y glúteo, ya que te dará estabilidad.

**Realiza tres series de abducción de cadera y tres series de HIP THRUST para fortalecer el glúteo (tener un glúteo fortalecido evita una gran cantidad de lesiones de rodilla).

3- ***Los entrenamientos de velocidad o intervalos:*** mejoran la fuerza desarrollada en la fase inicial de la carrera, aumentan la cantidad de trabajo y prolongan el tiempo total que la intensidad puede mantenerse.

— Intervalos de 100 metros APROXIMACIÓN.

— Intervalos de 400 metros.

— Intervalos de 800 metros.

— 1.000 metros. Realizar el test cada tres semanas para ver progresión.

***Si eres novato corriendo, antes de empezar con esta planificación tendrás que empezar por salir a correr tres veces por semana, aumentando semanalmente el tiempo, hasta que puedas aguantar más de treinta minutos a intensidad suave-moderada.*

PLANIFICACIÓN SEMANAL

EJEMPLO DE ENTRENAMIENTO DE DOMINADAS Y CIRCUITO DE AGILIDAD, DOS DÍAS POR SEMANA (lunes y jueves)

1- Calentamiento dinámico, movilidad articular para hombro, hacia delante y hacia atrás.

2- Test de dominadas o test de suspensión (mujer). **Al inicio y en la cuarta semana para comprobar avances.**

3- Cuatro series de dominadas con lastre o suspensión (mujer). De dos a tres minutos de descanso entre serie de dominadas o suspensión.

   Independientemente de si haces dominadas solas o con lastre, debes subir cada dominada con la máxima fuerza posible.

4- Práctica de circuito de agilidad.

5- Estiramientos.

EJEMPLO DE ENTRENAMIENTO 1.000 metros DOS DÍAS POR SEMANA (martes y viernes)

1- Estiramientos dinámicos a modo de calentamiento para ganar movilidad (no realizar estiramientos estáticos al inicio del entrenamiento, ya que se pierde la rigidez de los tendones y, por lo tanto, la capacidad de producir fuerza).

2- Entrenamiento de core: tres series plancha abdominal + tres series de abducción de cadera + tres series de HIP THRUST.

3- Ejercicios pliométricos: saltos en escalera o cajón a una pierna y a dos piernas.

4- Calentamiento carrera: quince minutos carrera continua al trote.

5- Intervalos de aproximación: dos series de 100 metros.

6- Intervalos de 400 metros: cinco series con descanso de cinco minutos entre serie.

El segundo día de entrenamiento cambias los intervalos del punto 6 y realizas dos intervalos de 800 metros.

7- Estiramientos.

ENTRENAMIENTO FUERZA UN DÍA, gimnasio (miércoles)

—Press de banca o flexiones (pectoral, hombro, tríceps).

—Sentadilla.

—Prensa de piernas.

—Peso muerto.

—Extensiones de cuádriceps.

SÁBADO O DOMINGO

1- CARRERA CONTINUA de 30 a 45 minutos y estiramientos.

PLANIFICACIÓN SEMANAL
SEGUNDA OPCIÓN

Lunes y miércoles:

1- Dominadas (hombre) o suspensión (mujer):

Calentamiento + cuatro series con lastre (descanso entre dos y tres minutos entre series para completa recuperación).

2- 1.000 metros.

- Calentamiento dinámico + core + pliométricos.

- Quince minutos trote suave.

- Dos series de aproximación 100 metros.

- Cinco series de 400 metros (lunes), dos series de 800 (miércoles).

3- **Circuito agilidad + estiramientos al finalizar.**

Viernes:

ENTRENAMIENTO FUERZA UN DÍA, gimnasio

—Press de banca o flexiones (pectoral, hombro, tríceps).

—Sentadilla.

—Prensa de piernas.

—Peso muerto.

—Extensiones de cuádriceps.

Sábado:

-   *De treinta a cuarenta y cinco minutos de carrera continua + estiramiento.*

SUPLEMENTOS PARA PREPARAR PRUEBAS FÍSICAS:

Creatina, cafeína (ya explicados anteriormente) y hierro.

HIERRO:

La deficiencia de hierro puede ser un problema si no llevas la alimentación adecuada, y esto se determina mediante una analítica y supervisión médica.

—Valores entre 20 y 30 ng/ml: se considera necesaria intervención.

—Algunos deportistas tienen pérdidas por úlceras o pérdidas por el aumento del estrés del entrenamiento, como el impacto en el pie de corredores y, sobre todo, **las mujeres sufren pérdida de hierro en el ciclo menstrual.**

Anteriormente te expliqué las fases del ciclo menstrual en *Crea Tu Forma* y cómo este afecta al rendimiento. Existe la posibilidad de que el examen te coincida con el sangrado.

—Te recomiendo que en los días que dure la menstruación utilices un complejo de hierro. Puedes utilizar sulfato ferroso, pero un efecto secundario es que puede producir estreñimiento.

—Otra opción es utilizar un complejo de hierro formulado a base de plantas y algunas vitaminas. Puedes preguntar en farmacias.

Pero, como te decía, consulta primero con tu médico.

— **Para minimizar el déficit de hierro durante la preparación es recomendable consumir alimentos como la carne magra, el hígado, el huevo, las espinacas, las almendras, las lentejas o el tofu.**

LA SEMANA PREVIA AL EXAMEN

La semana previa es de suma importancia, ya que depende de cómo hayas gestionado la alimentación y el entrenamiento podrás dar el máximo en las pruebas.

Para ello te voy a exponer cómo debes afrontar estos días para que vayas con los depósitos de glucógeno llenos al examen.

Muchas son las estrategias y es difícil establecer una para todos, ya que habría que considerar aspectos individuales como la edad, el sexo, el tipo de vida, el entrenamiento, etc.

La evidencia indica afrontar un entrenamiento de resistencia aeróbico o competición con una alta carga de hidratos de carbono (de 7 a 10 g/kg/día). Pero en esta prueba de cuatro minutos máximo no es necesario llegar al rango superior.

Si has iniciado la preparación de la oposición con antelación de un año, te habrá dado tiempo suficiente a implementar la fase de pérdida de grasa con la dieta baja en carbohidratos unida a un entrenamiento de fuerza, hipertrofia y ejercicio cardiovascular.

Una vez acabada la fase de pérdida de grasa, comienza a preparar las pruebas del examen. Aquí te recomiendo que **NO utilices un protocolo** bajo en carbohidratos, puedes generar un nivel de glucógeno inferior antes del examen.

Como mínimo, llevar una dieta moderada en carbohidratos (2-4 g/kg/día) y establecer tus calorías a nivel de mantenimiento.

Depende de tus necesidades, a mayor cantidad de actividad y ejercicio físico, necesitarás mayor cantidad de calorías, así que aumenta tu ingesta de carbohidratos.

Durante los meses de entrenamiento aeróbico es ***imprescindible*** hacer dos de las ingestas diarias de carbohidratos en torno al entrenamiento:

- Una, dos horas ANTES del entrenamiento, para ir con los depósitos de glucógeno llenos y aumentar el rendimiento.

- Otra, DESPUÉS de entrenar, para recuperar lo más rápido posible los depósitos de glucógeno agotados previamente.

***COMIDA*:** **Los dos días antes del examen deberás aumentar los carbohidratos a 6 gramos por kilo de peso corporal, tampoco necesitas más, ya que solo serán 1.000 metros de carrera.**

ENTRENAMIENTO: (DESCARGA)

Cuatro días antes del examen hacer el último entrenamiento completo, descansar los dos días siguientes y el dia antes del examen, realizar un calentamiento de 10 minutos de carrera continua suave seguidos de 5 series de 50 metros sprint a intensidad del 50 por ciento solo simulando la salida *a modo de activación* y a continuación para terminar el entrenamiento 10 minutos de trote y vuelta a la calma

<u>Es un pequeño estímulo a modo de activación, necesario para mantener las adaptaciones adquiridas anteriormente a la carrera.</u>

<u>Es un pequeño estímulo a modo de activación, necesario para mantener las adaptaciones adquiridas anteriormente a la carrera.</u>

DÍA DEL EXAMEN

El día del examen es fácil: no hacer nada distinto a lo que has venido haciendo hasta ahora.

Es como estrenar unas zapatillas nuevas el día del examen, CARECE DE SENTIDO Y NO HAY QUE ARRIESGAR.

El día del examen no uses nada de suplementación, así evitarás el riesgo de posibles problemas intestinales.

COMIDA:

Aunque hayas hecho la carga los dos días anteriores y descanso de entrenamiento, los depósitos de glucógeno hepático están disminuidos por el ayuno nocturno.

Te recomiendo que te levantes de **dos a tres horas antes** del examen y realices el mismo almuerzo de todos los días, **con aporte de proteínas y muy poca grasa.**

Los hidratos de carbono (de 50 a 100 gramos netos) que sean de índice glucémico medio o bajo.

Ejemplo: 100 gramos de avena = 60 gramos netos

Lo ideal es que no vayas demasiado cargado en una comida, por si se adelanta la prueba.

De todas formas, llevarás energía de sobra, tus músculos estarán llenos de los dos días de carga, no te preocupes si el desayuno es algo ligero.

Ejemplo: yogurt desgrasado/leche desnatada con copos de avena, fruta entera y algunos frutos secos.

Esto es solo un ejemplo, como dije anteriormente desayuna lo que estés acostumbrado durante la preparación y que te haya sentado bien.

¿Por qué de índice glucémico medio o bajo?

Estarás citado muy temprano; en torno a las ocho de la mañana, pero puede pasar una hora o más hasta que empieces, por lo tanto, se hace difícil medir con exactitud la hora exacta de tu comienzo.

Con los hidratos de carbono de índice glucémico medio o bajo tendrás una respuesta de insulina menor después de ingerir la comida y mantendrás los niveles de glucosa estables **a lo largo de la mañana, evitando así tener que usar carbohidratos rápidos momentos antes de la prueba y asegurando que no sufrirás problemas intestinales mientras estés corriendo.

Minimizarás el estrés de tener que estar pensando y controlando la hora exacta de comer y así podrás mantenerte concentrado esperando tu turno sin más preocupaciones.

**Verás que hay personas que utilizan otros protocolos, comen justo antes o comen cosas raras, dulces o chocolatinas, etc. NO TE DEJES LLEVAR POR NADA

DE ESTO, confía en ti sabiendo que las pruebas que has hecho antes te han funcionado y que no hay que variar, esto podría truncar el día.

Si has gestionado bien el proceso de pérdida de grasa y entrenamiento posterior, tendrás una buena **flexibilidad metabólica** y, por lo tanto, a tu cuerpo no le costará recurrir a las grasas almacenadas mientras estés esperando tu turno del examen. No necesitarás comer más de la cuenta.

Es importante mantenerse hidratado y evitar las exposiciones a altas temperaturas, ya que un nivel de deshidratación no solo disminuye el rendimiento, sino que puede ocasionar problemas gastrointestinales.

Querido lector, estoy entusiasmado, estamos llegando al final y hemos superado casi todas las barreras para alcanzar tu sueño, casi lo estás rozando con la punta de los dedos. Es tu último gran desafío, yo lo llamo la batalla final, la entrevista personal.

LA BATALLA FINAL
ENTREVISTA PERSONAL

El último tramo de la prueba es la entrevista personal, siempre controvertida y en boca de todos en la fase final, ya que no sabes cómo expresarte, si seguir unos patrones dirigidos o, por el contrario, ser natural, ser tú o una mezcla de ambos.

Sé que es normal que llegues aquí con dudas, te lo juegas todo a una carta y no quieres fallar, pero a veces puedes fallar en lo más simple y no darte ni cuenta.

A veces puede parecer una lotería y que tengas el sentimiento de haberlo hecho bien, y, sin embargo, salir mal, pero debes saber que no solo habla tu boca, sino que tu cuerpo puede estar diciendo otra cosa distinta y tú no saberlo. Si ocurre eso probablemente te quedes sin opción.

Voy a resumirte las claves que debes seguir. Para ello he combinado mi experiencia y la de profesionales dedicados a la selección de personal entrevistados para poder asesorarte con mayor garantía y darte lo que estás buscando para la Batalla Final.

¿Por dónde empezar?

Antes que nada, tienes que dar un repaso a la comunicación, porque si no sabes expresarte difícilmente te van a entender.

¿Qué tienes que hacer para hablar bien?

Todo proceso comunicativo consta de tres fases:

— Apertura.

— Cuerpo.

— Cierre.

Estas tres son las fases de la comunicación que comenzarás a desarrollar en el momento que te sientes en esa silla.

La **apertura** es tu presentación, una breve descripción de quién eres tú.

El **cuerpo** sirve para presentar tus armas, que van a ser tu currículum, es decir, cuáles son tus puntos fuertes y qué puedes aportar a la policía.

En el **cierre** debes mostrar que eres el candidato perfecto y que no hay nadie mejor que tú para el puesto.

Antes de la entrevista debes conocer algunos puntos

Conoce todo lo que puedas de la Policía Nacional.

Pregunta a la gente que conozcas sobre cómo han accedido a la Policía Nacional, en qué unidad están, cuál es su trabajo habitual o qué unidades existen en la Policía. Investiga en las redes sociales.

Lee todo lo que puedas acerca de sus funciones, qué normativa les aplican y, sobre todo, sus obligaciones y sus derechos.

Se trata de averiguar todo lo que puedas de la Policía Nacional, para que si surge alguna pregunta sobre el cuerpo que vean que conoces lo que es la Policía y que te presentas con conocimiento de causa y sabiendo dónde entras y lo que vas a hacer.

Darías una imagen muy mala si te preguntan algo y en realidad no conoces nada absolutamente de la Policía, además, tus entrevistadores pensarían que para ti es una forma más de encontrar trabajo y que no sabes muy bien lo que quieres.

Estudia tus aptitudes, tu experiencia y tu formación

La entrevista va a centrarse en ti. Conviene que esto lo hayas hecho antes de realizar la biodata. De hecho, al preparar la biodata debería ser el momento de revisar todo esto. El objetivo va a ser conocerte y ver si hay algún inconveniente por el que puedas ser rechazado.

Las preguntas se centrarán en lo que el tribunal examinador conozca de ti. Por eso es muy importante que coincida lo que digas en la entrevista con lo que has indicado en la biodata.

Para ello, será necesario que repases todo lo que has hecho y en qué forma puede ser utilizado en tu favor.

Empieza a pensar qué es lo que se espera de un nuevo policía y destaca aquello que indique que tú también puedes serlo y, además, que puedes aportar algo interesante al cuerpo.

En una unidad el "trabajo en equipo" y la "cooperación" son las competencias básicas para su funcionamiento. Sería interesante que destacases algo donde hayas demostrado que tú también tienes estas competencias.

Puede que hayas colaborado como voluntario en una ONG o haber formado parte de la directiva de actividades deportivas, siendo docente de los más pequeños, entrenador de un equipo de fútbol infantil o incluso el capitán de tu equipo, de modo que eres capaz de asumir ese liderazgo.

RESUMEN:

Responsabilidad, Liderazgo, Cooperación y Actividad.

Son cualidades que van a tener en cuenta para elegir al candidato perfecto.

Comprueba tu apariencia

La primera impresión es muy importante, y solo tienes una única oportunidad de causar una buena primera impresión, así que aprovéchala.

Evita la ropa llamativa. No te pongas ropa como si fueras de fiesta, la ocasión requiere una ropa discreta pero elegante. No lleves gafas de sol durante la entrevista.

Ve limpio y aseado. Los chicos id bien afeitados o con barba arreglada. Las chicas no llevéis tacones muy altos ni vayáis excesivamente pintadas o maquilladas.

Puntualidad

Llega pronto. Con diez minutos de anticipación será suficiente. Pero recuerda que no se perdona la impuntualidad. La falta de puntualidad es una falta de respeto hacia la persona a la que hacemos esperar. Incluso pueden negarse a entrevistarte dando por finalizado el proceso selectivo.

¡¡No te la juegues!!

Si es necesario haz el recorrido el día anterior a la misma hora para calcular el tiempo que te costará llegar. Y si tienes dudas y quieres asegurarte, llega una hora antes y aprovecha el tiempo que te sobre para tomar un café o relajarte leyendo algo y esperando en algún lugar cercano, y cuando queden diez minutos te presentas.

Compañero, la entrevista comienza mucho antes de sentarte en esa silla, ¿no me crees?

Interiorizar y practicar todo el proceso es fundamental, pero si fallamos en el principio fallamos en todo, porque la vida te va a sorprender de muchas maneras y debes estar preparado. Recuerda que vas a ser policía y tendrás que solucionar miles de situaciones impredecibles.

¿Por qué digo esto?

Primer paso:

La entrevista comienza en el mismo momento que sales de tu casa y pones un pie en la calle.

Puedes empezarla en el autobús o en el metro. Sin saberlo puedes ir sentado al lado de tu entrevistador y está viendo cómo reaccionas con el ambiente, si cedes un asiento a una persona mayor, tu corporalidad, qué gestos haces, si hablas con la persona de al lado y cómo te expresas con ella, si eres educado o eres mal hablado o incluso puede que hables con él mismo.

Puedes ir en tu coche de camino y ahí tener un accidente de tráfico y entrar en una discusión con insultos, o tener prisa y empezar a pitarle al coche de delante haciendo a la vez gestos con los brazos. Esa misma persona puede ser él, y la cara que se te puede quedar cuando entres a tu sala de entrevista y lo veas puede ser de película.

Incluso en una cafetería puede estar viendo cómo tratas con el camarero o cómo hablas por teléfono con un amigo al que le estás contando que vas a la prueba y le dices que estás nervioso. Ahí la vida te está poniendo a prueba, así que piensa que estás siendo entrevistado nada más salir de casa.

RECUÉRDALO y compórtate como tal.

Como ya te expliqué en otra parte del libro, las sincronicidades espacio-temporales existen y nunca sabes quién puedes tener al lado tuyo.

Acceder a la sala

En el caso de que se nos llame y la puerta esté cerrada, convendría dar un par de golpes suaves con el puño a la puerta, y, a continuación, esperar respuesta.

Si no obtienes respuesta, toca una segunda vez y abre la puerta, asoma la cabeza o medio cuerpo y pregunta: "¿Se puede?" o "¿Da usted su permiso?".

Desde el primer momento hemos de tratar a nuestro entrevistador de usted. Si nos dice que le tratemos de tú, le haremos caso, evitando la familiaridad.

Saludar al entrevistador

Saluda al entrevistador con una fórmula convencional: "Buenos días". Hay que mostrar que somos educados. Si no recibimos respuesta, da igual, seguimos a lo nuestro.

Dar la mano

Si te ofrece la mano, se la das. Si te dice que te sientes, te sientas. No seas el primero en extender la mano, de hecho, espera a que la extienda primero el entrevistador. Puede que no quiera darte la mano, por lo que directamente esperaremos a que nos diga dónde nos tenemos que colocar y sentarnos.

No debemos enfadarnos porque no nos dé la mano, con el saludo inicial de "buenos días" puede ser suficiente, ya que es probable que tenga muchas entrevistas en poco tiempo y el tiempo le apremie, y que por ello quiera ir al grano y evitar los formalismos.

La forma de dar la mano es teniendo el brazo apoyado en el cuerpo y levantarla hasta que esté en un ángulo de 90°, acercando la mano a la del entrevistador.

Debe ser un apretón cálido. No se trata de demostrarle tu fuerza intentado romper su mano ni que parezca un pez que se escurre de la suya.

Mientras damos el apretón de manos deberemos sonreírle, mirándole a los ojos.

Sentarse en la silla

No te sientes hasta que te lo digan. Es posible que hayas visto o lo hayas hecho el esperar a que se siente la otra persona, pero en este caso debes hacer lo que se te dice. Si te dicen que te sientes, te sientas, aunque el entrevistador esté todavía de pie.

Siéntate derecho y apoya la espalda contra el respaldo de la silla, los brazos estirados apoyados en las piernas y las piernas flexionadas en ángulo de 90°, evitado gesticular lo máximo posible.

El apoyarse en el borde de la silla denota inseguridad, y sentarse recostado denota falta de respeto.

Si estás sentado frente a la mesa del entrevistador, no pongas los codos encima de la mesa.

Tampoco cruces los brazos, porque parecería que estás a la defensiva.

Si no te han dicho que te sientes y comienza la entrevista y estás de pie, no te acerques mucho a ellos. Guarda una distancia de seguridad, más o menos la extensión de tu brazo.

COMIENZA LA ENTREVISTA

Durante la entrevista

Debes crear una buena impresión. La primera impresión es de gran importancia. Muchos entrevistadores consideran que, tras haber visto entrar por la puerta a un candidato, observar la forma en que da la mano y se sienta, pueden predecir su valía.

El entrevistador es la autoridad, quien marca los tiempos y al que debes obedecer exactamente. Salvo que lo que te pida sea algo ilegal o inmoral, deberás obedecerle.

Habla con voz clara y que se note que tienes seguridad en ti mismo. Sin que sea gritar, deberías hablar con una voz un poco más alta de lo habitual.

Escucha las preguntas hasta el final, sin interrumpir. Espera unos segundos y contesta después.

La interrupción es una falta de respeto al entrevistador.

Deja que el entrevistador tome la iniciativa

Piensa que el entrevistador es la autoridad y que tú debes seguir sus instrucciones. Evita encauzar la entrevista por donde a ti te gustaría.

Puedes intentarlo si el entrevistador deja de tomar la iniciativa, pero si a la mínima ves que vuelve a tomarla, acata sus instrucciones.

No hables demasiado ni demasiado poco

Procura hablar lo normal, no pecando ni por exceso ni por defecto.

Cuida tu lenguaje. Evita decir tacos o palabras mal sonantes, pero tampoco caigas en la mojigatería. Y, sobre todo, no hables mal de nadie, aunque lo merezca.

No peques de agresivo ni de enternecedor.

Responde clara y brevemente. La duración no debería ser superior a veinte segundos, salvo que haya que dar explicaciones o ampliaciones sobre alguna cuestión, en lo que se empleará el tiempo necesario, pero procurando igualmente ser breve.

Utiliza un lenguaje sencillo y de fácil comprensión para todos. No respondas con evasivas o dudas ni con monosílabos, pues esto hará parecer que estás ocultando algo o que tienes problemas de comunicación.

No te niegues a responder preguntas. Es posible que el entrevistador te quiera poner en algún aprieto para ver cuál es tu reacción y cómo respondes.

Prepárate para responder cuestiones difíciles o muy íntimas. Si alguna pregunta roza la inmoralidad o ilegalidad, hazlo saber con educación y respeto. Están buscando una persona con criterio y segura de sí misma, no alguien sumiso. Este tipo de preguntas valoran tu control emocional.

<u>Más adelante te expondré posibles preguntas embarazosas.</u>

PIENSA EN POSITIVO

No digas que necesitas entrar en la Policía. Di que quieres entrar, que es tu ilusión. **<u>No es una necesidad, es un anhelo</u>**.

Al finalizar la entrevista el entrevistador te dirá que te puedes marchar, entonces expresa tu agradecimiento.

Recoge tus cosas y, de la misma forma que iniciaste la entrevista, deberías finalizarla al despedirte, dándole los buenos días y las gracias: "Muchas gracias y buenos días".

> El trabajo del entrevistador y del psicólogo es detectar a posibles candidatos que se hayan colado en el proceso y no sean acordes con la función ni con la imagen policial.

Cuando llegues a casa analiza los resultados, anota los puntos fuertes y débiles. Estas anotaciones te servirán para la siguiente entrevista en el caso de que no la superases.

RECUERDA QUE TE PUEDEN PONER A PRUEBA

—Candidatos que puedan tener algún tipo de trastorno de personalidad, si eres una persona agresiva, si eres mentiroso compulsivo, si padeces algún tipo de depresión, etc.

—Aspirantes que puedan tener algún tipo de adicción: como puede ser el consumo de sustancias estupefacientes.

Al estar leyendo esto te puede parecer raro, pero hay personas de este tipo que aspiran a pasar las pruebas, e incluso alguno de ellos las ha pasado, pero luego en la academia han sido sorprendidos por positivo en análisis de sustancias psicotrópicas. Créeme, son pocos los casos, pero en todas las promociones hay alguno, lo he visto con mis propios ojos.

Verás más adelante qué supuestos te pueden preguntar sobre este tema.

—Su trabajo es ponerte incómodo y sacarte de tu zona de confort. Comienza desde el mismo momento en que tocas a la puerta de la sala.

Por ejemplo, te pueden pedir que te *subas a una silla* o que la silla esté demasiado alejada de ellos. También te pueden *hablar mal,* con mal tono, de manera despectiva, y tienes que reconocer que es un papel que están asumiendo en todo momento y mantener la calma.

—Te voy a contar una anécdota: "Mi entrevista"

Como ejemplo de lo anterior descrito, te lo cuento para que te sirva también de ayuda.

Mi entrevista fue breve, desde que apagué el teléfono antes de tocar a la puerta hasta que salí habían transcurrido ocho minutos, y siento que ya estaba aprobado antes de sentarme en la silla, y verás por qué…

Las puertas del centro donde realicé el examen eran viejas. A lo largo de un pasillo repleto de salas había sillas en cada una de las puertas para que esperase el opositor su turno. Era un edificio antiguo, parecía una película de terror, y como tal sonaba hueco.

Pues, siguiendo las instrucciones, llegué allí, y el policía que había en el pasillo me indicó que tocara a la puerta cuando se encendiese la luz verde de la sala que me correspondía.

Lo hice con DECISIÓN y toqué bastante fuerte, incluso creo que me pasé, la verdad. Sonó como hueco, parecía que iba a tirar la puerta abajo, y lejos de esperar órdenes de entrar, el inspector que me examinó ya me puso a prueba y no esperó a que entrase yo, sino que se levantó, me abrió la puerta y nada más abrir comenzó a chillarme diciendo:

— ¿Usted qué quiere? ¿Arrancar la puerta? ¿Que va así a todos los sitios o qué le pasa?

A lo que contesté sin dudar:

—**Sí, voy con decisión y con educación**, lo único que no sabía era que la puerta está hueca y que podía sonar tanto en el interior.

Me contestó:

—Pase y siéntese.

Comenzó la entrevista hablando de mi vida, de mi currículum, me preguntaron la diferencia entre delito de hurto y falta de hurto, ya que en aquella época trabajaba de vigilante de seguridad en unos grandes almacenes, y la última pregunta fue en qué lugar de la policía me veía desempeñando mi función. Contesté que en UIP o UPR porque me gusta el trabajo en equipo y las funciones de dichas unidades.

Después de contestar la pregunta me dijeron que había finalizado la entrevista, podía marcharme, y me desearon Suerte.

Salí, encendí el teléfono y no podía creerlo, habían pasado solo ocho minutos. Pensé que en tan poco tiempo había suspendido y algo no les había gustado. Sin embargo, sé sin ningún género de dudas, y tras haberlo consultado con mi preparador, que mi contestación clave en un momento de nervios sabiendo lo que me jugaba y cómo reaccioné fue lo que me dio el aprobado.

– Segundo paso:

Asumir que tú eres el responsable, tanto de lo bueno como de lo malo, que te pasa en la vida.

Ya te lo expliqué anteriormente y, como todo en la vida, se aplica aquí también. Tienes que alejarte del victimismo y no hacer responsables a los demás de cómo te ha ido en la vida.

Las personas que critican y hablan mal de otras personas o de otros trabajos al final están hablando de sí mismas. Procura sacar el lado positivo de todo. No se trata tampoco de elogiar lo que no merece elogio, porque podríamos dar a entender que no tenemos criterio. Sé benevolente y procura no dejar mal a nadie.

Te van a conocer a través de **tus experiencias. Estas te han ayudado a formar tu carácter y desarrollar habilidades.**

Puede que fallases en alguna de estas experiencias, que hayas tenido varios trabajos o quizá hayas suspendido anteriormente y que no sea **la primera vez que llegas a la entrevista personal.**

La clave aquí es que tienes que ser **DECIDIDO** y **NO RETROCEDER.**

Te van a acribillar si es tu caso con preguntas como…

—¿Qué hace usted de nuevo aquí? ¿Cuántas veces hay que decirle que no vale para este trabajo?

Tienes que contestar que tienes claro tu objetivo y que pase lo que pase lo vas a conseguir, si no es hoy será al año siguiente, pero que vas a **ser policía, no hay otra opción**.

Si has suspendido anteriormente es porque no lo has hecho bien. Como te decía al inicio, _tú eres el responsable_.

Te presentarás las veces que haga falta hasta que apruebes. Les debe de quedar muy claro que no tienes ninguna duda.

Por el contrario, puede que seas joven, que tengas dieciocho o veinte años, que te hayas dedicado a estudiar y no tengas demasiadas experiencias de vida, **pero ello no implica que no seas una persona responsable.**

También tienes tus armas, aunque *a priori* parezca que la juventud juega en tu contra y pienses que tienes poco que ofrecer.

¿Qué pueden buscar en alguien sin experiencia como tú?

LA VOCACIÓN. Una persona tan joven que tiene las cosas claras indica una gran vocación antes que otra persona que pueda estar muy preparada, pero que se presente la primera vez con treinta años.

¡¡Debes agarrarte a esta posibilidad!!

¿Has ayudado en casa?

Tener responsabilidades dentro de tu círculo familiar también te puede servir, como cuidar a tu abuelo o a alguno de tus padres que estuviese atravesando una enfermedad o a algún hermano. Son situaciones cotidianas que se dan en muchos hogares.

Si no has realizado ninguna de las actividades que te indico anteriormente o parecidas y no has tenido **Inquietud**, lo vas a tener difícil, a pesar de llegar a la entrevista con buenas puntuaciones.

– Tercer paso: Preguntas complicadas.

Dentro de este marco pueden hacerte preguntas relacionadas con las drogas o ponerte supuestos prácticos para ver cómo reaccionarías ante determinadas situaciones.

¿Has tomado drogas?

Esta es una pregunta muy recurrente en las entrevistas y tu contestación tiene que ser un "**NO**" **rotundo**, no debes dejar espacio a la duda. En todo momento tienes que ir **a favor de la ley**, va a ser tu trabajo hacer que se cumpla y, por tanto, tienes que dar ejemplo.

Pueden plantearte un caso práctico que te ponga en apuros:

—Si estás en tu casa y ves a tu padre consumir drogas, ¿cómo reaccionarías?

Aquí están atacando a tu plano emocional al poner a tu padre en la situación porque quieren ver el grado de implicación que estás dispuesto a mostrar.

Y tu contestación debe ir en el mismo sentido, es decir, si ves a tu padre llevar a cabo una acción de este tipo lo pondrías en conocimiento de las autoridades y a ver qué solución te dan.

—Si estás con amigos y uno de ellos se enciende un cigarro tipo "porro", ¿qué harías?

Primero, debes cuestionarte qué tipo de amistades tienes con comportamientos tóxicos y debes alejarte de ese círculo.

Tu contestación deber ser que o se marcha él del lugar o te vas tú, como no podrás obligarlo a que lo apague y tampoco hay que generar una pelea, la solución es fácil, no podéis estar en el mismo espacio, márchate.

—Si te fijas, cuando algún funcionario de las fuerzas y cuerpos de seguridad comete algún ilícito penal relacionado con tráfico de drogas o pertenencia al crimen organizado, aprovechándose de su cargo, y es detenido, la publicidad que dan los medios de comunicación rápidamente se extiende a la velocidad de la luz y, con ello, **dañan la imagen policial**, es una noticia de repercusión.

Por eso el entrevistador busca a **alguien que represente bien la imagen policial.**

– Cuarto paso: LA MENTIRA. SIEMPRE Y NUNCA.

Nunca mientas sobre ti. Tampoco exageres, porque la humildad hablará en tu favor y la arrogancia te restará credibilidad. Sé tú mismo y no mientas. Están buscando personas como tú, gente sencilla en la que la sociedad se vea reflejada. No están buscando superhéroes. Te están buscando a ti.

Pero ten en cuenta la siguiente pregunta…

¿Has mentido alguna vez?

Esta es una pregunta típica y la respuesta de muchos opositores para quedar bien y dar buena imagen es **"NUNCA".**

No es cierto, todos hemos mentido alguna vez, solo debes ajustar tu respuesta.

En algún momento has utilizado mentiras piadosas para evitar, por ejemplo, hacer daño a alguien, es decir, mentir en cosas que no son relevantes.

Siempre y Nunca:

Debes tener cuidado a la hora de responder. Evita los extremos, ya que, de lo contrario, puedes comprometer el examen.

En muy pocas ocasiones debemos utilizar el siempre o el nunca. Estos adverbios de frecuencia los podemos cambiar por "en muchas ocasiones" o "frecuentemente".

¿Has pensado en quedarte en la cama cuando te ha sonado el despertador y no ir al trabajo?

Decir "sí" te convierte en una persona normal. Si, por el contrario, dices que NUNCA, estás fallando la respuesta

− Quinto paso: ¿Te has preparado la entrevista?

—No entiendo por qué muchos opositores se empeñan en mentir cuando los entrevistadores de sobra saben que en las academias se preparan entrevistas, y si no es en la academia se buscan un psicólogo o buscan libros de autoayuda como este, pero de alguna forma todos buscan ir preparados, como en cualquier examen.

—Tu respuesta debe de ser "SÍ", decir que eres una persona **responsable, que no dejas nada al azar y que sería una falta de responsabilidad no prepararla.**

ELLOS TAMBIÉN PREPARAN LA ENTREVISTA

Hazles saber que el motivo es también mejorar tu comunicación para poder expresarte mejor con ellos, si no sabes comunicarte bien va a ser difícil que te entiendan.

<u>Aquí en este libro te estoy exponiendo de primera mano situaciones y preguntas que te puedes encontrar en la entrevista para que las repases las veces que sea necesario hasta que lo interiorices.</u>

<u>Después estarás en condiciones de hacer varios simulacros para ponerte en situación de estrés y ver cómo reaccionas bajo presión.</u>

Quieres hacerlo lo mejor posible para aprobar, no mientas, tienes que ser tú mismo.

– Sexto paso: Preguntas de diferente contexto.

Saber leer entre líneas es fundamental, y a veces te pueden poner un contexto diferente para saber si realmente tienes capacidad de actuación en una situación crítica.

Supuesto:

Imagina que ves a BATMAN y a SUPERMAN peleándose, ¿qué harías? Aunque te sorprenda pueden hacerte este tipo de preguntas, no es lo normal, pero te puede pasar.

Y si analizas la respuesta son dos personajes que están al servicio de la ley, están para ayudar al ciudadano, por lo tanto, tu actuación debe ser SEPARARLOS, explicarles que defienden los mismos valores, defienden la ley, y no deben pelearse entre ellos.

– Octavo paso: Comunicación no verbal.

Este es el paso más importante de tu comunicación, ya que tus palabras tienen que ir en consonancia con tus gestos, tus expresiones faciales, tus miradas y tu voz.

En un proceso comunicativo:

—La comunicación no verbal representa un 55 %.

—La palabra, un 7 %.

—La voz, un 38 %.

Si te fijas, realmente lo menos importante es la palabra.

Saber interpretar algunos de los gestos y aprender a controlarlos es de suma importancia.

La Mirada:

"Las palabras están llenas de falsedad o de arte; la mirada es el lenguaje del corazón".

William Shakespeare

Siempre tienes que mirar a los ojos, denota seguridad y claridad, eres una persona que no esconde nada.

Cuando respondas a una pregunta, primero, mira al entrevistador y, después, haz partícipe de tu respuesta al resto del tribunal, es una forma de respeto hacia todos los componentes.

Es importante destacar el tiempo de la mirada:

—Mantener **menos del 33 %** la mirada denota que eres una persona que **quiere ocultar algo.**

—Entre el **60 y 70 %** es el tiempo que debes mantener la mirada, indica una **relación de normalidad.**

La Voz:

—El tono es el elemento más importante de la lengua.

—Inspira profundamente para tener suficiente aire.

—Que el aire y el sonido fluyan libremente y sin esfuerzo.

—Las pausas cobran gran relevancia, establece una pausa de un segundo antes de responder a la pregunta.

—El silencio también habla y enriquece el discurso.

—Vocaliza para que puedan entender bien el mensaje.

ALGUNAS PREGUNTAS MÁS QUE PUEDEN FORMULARTE

PERSONALIDAD

Háblame de ti mismo.

Cuéntame una anécdota de tu vida en la que resolvieras con éxito una situación problemática.

¿Qué gana la Policía si permite que entres en lugar de otro opositor? ¿Qué elemento diferencial aportas?

Si fueras tú el encargado de hacer esta entrevista y yo fuera el candidato, ¿qué cualidades te gustaría que yo reuniera?

¿Te gusta trabajar con gente o prefieres trabajar solo?

¿Te consideras como un líder o como un seguidor? ¿Por qué?

¿Cuál fue la decisión más importante que adoptaste en el pasado?

Defínete a ti mismo con cinco adjetivos calificativos. Justifícalos.

¿Qué has aprendido de tus errores?

Piensa en un profesor, un amigo, tu novio/a. Si yo le preguntara cómo eres tú, ¿qué crees que contestaría?

Si todos los trabajos tuvieran la misma remuneración y la misma consideración social, ¿qué es lo que realmente te gustaría hacer?

Describe tu escala de valores.

¿Qué personas te sacan de quicio?

¿Duermes bien?

¿Cómo reaccionas habitualmente frente a la jerarquía?

¿Cómo te integras en un equipo de trabajo?

¿Qué impresión crees que he sacado de ti tras esta entrevista?

FORMACIÓN

¿Por qué estudiaste arquitectura, derecho, económicas, etc.?

¿Cómo decidiste estudiar...? ¿Había alguna otra formación que te atrajese también?

¿Quién influyó más en ti a la hora de elegir tu carrera?

¿Qué asignaturas te gustaban más/menos y en cuáles sacabas mejores/peores notas?

¿En qué medida tus calificaciones se deben a tu esfuerzo personal y en qué medida a tu inteligencia?

¿Qué cambios habrías introducido en el plan de estudios de tu facultad o escuela si hubieras podido?

¿Cuál fue la experiencia más gratificante durante tu vida como estudiante?

¿Piensas proseguir o ampliar tus estudios de alguna manera?

Si volvieras a empezar tus estudios, ¿qué harías de modo diferente?

En tu formación complementaria, ¿qué seminarios o cursos de corta duración has realizado? ¿Qué te motivó a realizarlos?

¿Tuviste algún puesto representativo durante tu tiempo de estudiante, como delegado de curso, miembro de la Tuna, etc.?

TRABAJOS ANTERIORES

Háblame de tus actividades al margen de tus estudios.

¿Realizaste algún trabajo de "estudiante" (clases, trabajos de verano, de prácticas...)?

¿Qué aprendiste durante tus trabajos anteriores? ¿Qué funciones desempeñabas? ¿Cuánto cobrabas?

¿Debías supervisar el trabajo de alguien?

¿Cuál de tus trabajos previos te ha gustado más/menos? ¿Por qué?

¿Cuál es tu proyecto o solución más creativa?

¿Cómo te llevabas con tus compañeros, con tus jefes, con tus subordinados?

¿Cuál fue la situación más desagradable en que te viste?

¿Cómo le hiciste frente?

Describe el mejor jefe que hayas tenido. Y el peor.

Descríbeme un día típico en tu trabajo anterior.

¿Cómo conseguiste ese trabajo, esa práctica...?

LA POLICÍA NACIONAL

¿Qué sabes acerca de la Policía Nacional?

¿Qué te atrae de ella?

¿Qué ambiente de trabajo prefieres?

¿Prefieres un trabajo previsible o un trabajo cambiante?

¿Qué relaciones piensas que debe haber entre un jefe y su colaborador inmediato?

¿Estarías dispuesto/a a vivir en otra ciudad, en otro país, o a viajar con frecuencia?

¿Tienes alguna preferencia geográfica?

¿Cuál crees que puede ser para ti la mayor dificultad al pasar de la vida de estudiante a la vida de policía?

¿Qué departamento dentro de la Policía te atrae más?

¿Cuáles son tus puntos fuertes y tus puntos débiles para ser policía?

¿Qué te ves haciendo dentro de cinco o diez años?

¿Cuáles son tus objetivos a largo plazo? ¿Cómo crees que podrás lograrlos?

¿Por qué piensas que vas a tener éxito como policía?

¿Con qué tipo de jefe te gustaría trabajar?

¿Y con qué tipo de jefe crees que acabarías por chocar?

¿Qué personas de las empresas en las que has trabajado anteriormente pueden darnos referencias de ti?

¿Qué opinas de la unión monetaria, el terrorismo, el feminismo, los políticos, los sindicatos...?

¿Comentas con tus padres-esposa/o-novia/o las incidencias de tu trabajo?

VIDA PRIVADA

¿Con quién vives?

¿A qué se dedica tu familia?

¿Tienes novia/o-esposa/o? ¿Qué opina de que seas policía?

¿Qué haces en tu tiempo libre?

¿Cuáles son tus aficiones favoritas?

¿Cuál es el último libro que has leído? ¿Qué te pareció?

Final:

Eres un ser único y especial y no puedes brillar en estrella ajena, sé tú.

Sé tú mismo y no una mala copia.

HAZLO

Querido lector, estoy entusiasmado de que hayas llegado hasta aquí, de haberte podido acompañar en las tres pruebas de la oposición.

Tienes que aplicar todos los pasos y conseguirás tu sueño. Pase lo que pase sigue adelante, créeme que tu vida va a cambiar a mejor. Prepárate a dar un giro de 180°, como lo hice yo.

Puede que al principio no te veas capacitado, pero solo tienes que encargarte de empezar, **HAZLO,** no desperdicies la oportunidad de tu vida. **No postergues,** los años pasarán igualmente, el tiempo no se detiene y **el momento de arriesgar es AHORA**, el momento de cambiar hábitos es ahora, de ser tu mejor versión o, de lo contrario, no serás feliz y seguirás donde mismo has estado hasta ahora.

Cree en ti, ten fe, la única persona que puede crear lo que deseas eres tú mismo. Recuerda que la fe mueve montañas, y tú las moverás también y, sobre todo, escucha tu interior, tu corazón te marcará el camino.

Tu mente te dirá lo contrario, pero ya te habrás dado cuenta de que escuchándola solo te estancará como hasta ahora, no la escuches.

Las cosas suceden si tomas la determinación de ir a por ellas, trabaja duro, esfuérzate al máximo y el día de mañana sabrás que el esfuerzo de hoy ha valido la pena.

Si nunca arriesgas nunca ganarás, hay mucha gente ahí fuera que está esperando tu ayuda.

No te quedes con la sensación de "¿qué habría pasado si hubiese peleado por mis sueños?". No entiendo cómo puede vivir la gente sin propósitos, sin sueños.

"Lo peor no es tener sueños grandes y no alcanzarlos, es tener sueños pequeños y alcanzarlos".

WAYNE DYER

Venimos a este mundo a vivir una vida plena, no te conformes con menos, tú vales mucho más y lo vas a lograr.

No encontrarás el momento perfecto, cógelo y hazlo perfecto. Fíjate el objetivo, empodérate, y, pase lo que pase, sigue hasta el final.

Aunque no estés pasando el mejor momento, no te preocupes, después de la tormenta siempre sale el sol, y está a punto de salir el sol para ti. Mantente agradecido con lo que tienes mientras consigues tu objetivo y espera lo mejor, que llegará.

Déjame decirte que si te ha gustado la trilogía esto no acaba aquí, <u>al igual que la vida sigue, el crecimiento tiene que seguir.</u>

¡¡Seguimos caminando, seguimos creciendo!!

"Es de bien nacidos ser agradecidos".

Gracias por haber leído este libro, es un sueño hecho realidad.

A Lain García Calvo, autor de *La Voz de Tu Alma*

Gracias por haber leído este libro, es un sueño hecho realidad.

A Lain García Calvo, autor de *La Voz de Tu Alma*

"EL SOCORRISTA"

Querido/a amigo/a, voy a presentarte a una persona ESPECIAL. Allá por el mes de noviembre de 2018 me encontraba en estado depresivo, sin ganas de nada, no era feliz como consecuencia de haberme fallado a mí mismo e ir en contra de mis principios. No sabía qué camino tomar ni cómo salir de la situación. Me encontraba en medio del mar, nadando para todos sitios sin ver la orilla, y mientras tanto me estaba ahogando.

Hasta que un día como hoy, el 4 de noviembre de 2018, en compañía de mi hermana mayor entré en una librería y, dando una vuelta, hubo un libro que llamó mi atención, como si una fuerza irresistible me atrajese hacia él. Era *La Voz de tu Alma*, de Lain García Calvo. Estaba tan desesperado que lo compré, ¿qué podía perder?

Pues lejos de perder, gané. Empecé a leerlo la misma noche, y conforme más leía más quería, y poco a poco, aplicando sus principios, empezaron a pasarme cosas, como, por ejemplo, hacerse realidad dos de mis visualizaciones: encontrar la casa donde vivo hoy y, la segunda visión, poder darle un abrazo encima del escenario de su evento, porque sentía que debía agradecerle que hubiese aparecido en mi vida.

Fue renovando mi mente y mis ganas de volver a empezar, hasta el punto que decidí inscribirme en el evento INTENSIVO VUÉLVETE IMPARABLE, una experiencia única y transformadora que desde aquí recomiendo a todo el mundo. Su evento me dio un impulso definitivo junto con la ayuda de sus libros para crear lo que hoy tienes en tus manos y que jamás me creí capaz de hacer: escribir un libro. Porque Lain te enseña que los límites están en tu mente y que lo más importante en la vida es el Progreso y La contribución, poder ayudar a otras personas a encontrar su camino, y esta es mi manera de seguir ayudando a otros, como hace él.

Por tanto, gracias, Lain García Calvo, por ser mi socorrista aquella tarde, evitar que me ahogase y enseñarme a escuchar la voz de mi alma.

GRACIAS, GRACIAS, GRACIAS.

AGRADECIMIENTOS:

A mis padres, sin ellos yo no estaría aquí hoy. Aunque no puedo hablar contigo, PAPÁ, con la mirada me transmites fuerzas, y, sobre todo, a una estrella que me guía desde el cielo y que es mi mayor fuente de motivación, mi MADRE.

A mis dos hermanas, Ana y Llanos, sois mi mitad.

A mi tío Enrique, también desde otro plano sé que estás ahí, y a mi abuelo.

A mis tías, por darme ese consejo de experiencia.

A los compañeros de trabajo de tantos años en el ámbito, tanto policial como a mis compañeros del mundo deportivo.

A Juan José Álvaro Remiro, por su ayuda con la parte psicológica.

A los demás profesionales de los cuales he aprendido toda la materia. A algunos de ellos los cito en este libro, a otros, por desconocimiento o no recordar de dónde saqué la fuente, no he podido nombrarlos.

Si algo escrito aquí no aparece citado, pido disculpas de antemano, me ha sido imposible recordarlo todo, pero agradezco enormemente las enseñanzas y la aportación para ayudar a tantas personas.

GRACIAS.

SÍGUEME EN MIS REDES SOCIALES

 ivangomezlopez_

 Iván Gómez López

 Iván Gómez López